特别鸣谢：中国人民解放军军事科学院
中国人民解放军装甲兵工程学院

军事小天才丛书 第二辑

未解的悬案：
世界军事之谜

本书编写组 孙 琪 许 光 赵梦姗◎编著

世界图书出版公司
广州·上海·西安·北京

NEW 最新版

图书在版编目（CIP）数据

未解的悬案：世界军事之谜/《军事小天才丛书》编
委会编．—广州：广东世界图书出版公司，2009.10（2021.5 重印）
（军事小天才丛书）
ISBN 978－7－5100－1044－6

Ⅰ．未… Ⅱ．军… Ⅲ．军事史－世界－青少年读物
Ⅳ. E19－49

中国版本图书馆 CIP 数据核字（2009）第 169508 号

书　　　名	未解的悬案：世界军事之谜
	WEIJIE DE XUANAN SHIJIE JUNSHI ZHIMI
编　　　者	《军事小天才丛书》编委会
责任编辑	刘国栋
装帧设计	三棵树设计工作组
责任技编	刘上锦　余坤泽
出版发行	世界图书出版有限公司　世界图书出版广东有限公司
地　　　址	广州市海珠区新港西路大江冲 25 号
邮　　　编	510300
电　　　话	020–84451969　84453623
网　　　址	http://www.gdst.com.cn
邮　　　箱	wpc_gdst@163.com
经　　　销	新华书店
印　　　刷	三河市人民印务有限公司
开　　　本	787mm × 1092mm　1/16
印　　　张	13
字　　　数	160 千字
版　　　次	2009 年 10 月第 1 版　2021 年 5 月第 6 次印刷
国际书号	ISBN　978–7–5100–1044–6
定　　　价	38.80 元

"光辉书房新知文库"

总策划/总主编:石 恢

副总主编:王利群 方 圆

本书作者

孙 琪 中国人民解放军军事科学院博士

许 光 现役军官,工学与军事学双学士

赵梦姗 中国人民解放军南京政治学院

了解军事，认识历史

  自从人类开始群居，并形成一定规模的社会组织以来，为了争夺资源和利益，群体间的战争就产生了。为了进行和应对战争，每个群居的利益集团便开始组建一支有效的武装力量来进行攻击和防御，于是，军队就随之诞生了。随着社会生产力的发展，军队逐渐从社会分工中独立出来，成为一个特殊的社会职能部门。

  由于战争的存在，人类历史上涌现出了像亚历山大、成吉思汗、拿破仑等伟大的军事统帅，造就了像孙武、克劳塞维茨、杜黑等著名的军事理论家，同时也产生了像特洛伊战争、赤壁之战、诺曼底登陆等经典的战役。在战争中，斯巴达军团、十字军、蒙古骑兵这样的著名军队也随之诞生。

  即便时至今日，我们也不断听闻远方国度的凄厉炮声和周边区域的军事对峙。战争从来就没有真正远离过我们，有关军事的话题，也永远是一个常谈常新的话题。那些震撼人心的的经典战役，那些威力惊人的各式武器，那些彪炳史册的血性男儿，那些流芳千古的传奇巾帼，无不引起人们的极大探究兴趣，同时也带给人们无尽的遐想与感叹。

  但战争毕竟是人类的悲剧。据不完全统计，人类有史以来发生过的战争总次数已达上万次，高达数十亿的人口在战争中直接死亡，而在战争中所损毁和消耗掉的财富总量，则更是无法估计。只有那些经历过战争残酷的人，才真正了解战争。他们知道，在这些伟业和功勋的背后，是数不尽的杀戮和掠夺、死亡和伤残、仇恨和敌对。不论是蒙昧愚蛮的远古，还是自诩进步文明的当今，这种状况一直不曾改变。

  人类的战争包含着人类历史上诸多问题的答案，同时也充满着许多耐人寻味的不解之谜。了解军事，就是了解人类自身的过去、现在和未来。军事战争并不是什么令人欣慰的事情，和平才是当今世界的主流，是人类共同的永恒追求。

本着这样的想法，我们为广大的青少年读者朋友们编写的"军事小天才"系列丛书，旨在结合当前青少年朋友各学科知识传授的实际，丰富同学们的军事知识，拓展同学们的军事视野，从而更加热爱和平。并在此基础上培养同学们的国防意识，努力在新世纪里成为祖国合格的建设者和保卫者。

本丛书是"军事小天才"系列的第二辑，共包含10册图书，分别为：《影响中国历史进程的经典战役》、《改变世界历史进程的经典战役》、《最新武器面面观》、《世界各国的特种部队》、《21世纪的反恐战争》、《未解的悬案——世界军事之谜》、《世界军事史上著名的"远征"》、《伟大的军事统帅》、《战争中的女性》、《真实的谎言——战争的借口》。

丛书编委会成员和相当部分作者，来自于中国人民解放军军事科学院和中国人民解放军装甲兵工程学院。中国人民解放军军事科学院是我军专业的军事科学研究机构，是全军军事科学的研究中心和计划协调中心。而解放军装甲兵工程学院是全国重点工科院校和全军综合性大学之一，是我军培养装甲机械化部队工程技术军官和指挥军官的最高学府。来自这两个机构的编委会成员和作者们，不仅具有扎实的军事理论素养，而且还具有宝贵的部队实践经验，他们在书中无论叙述还是评析，都具有极强的专业性和极高的准确性。这是本套丛书的优势所在。

愿广大青少年读者朋友们能通过这套丛书，了解军事，认识历史，为人类的和平与发展事业，做好自己充分的准备！

中国人民解放军军事科学院军研部部长　少将

目　录

引 言

军事历史伴随着人类从野蛮走向文明,然而,在漫长的历史长河中,它们并不是那么简单明了,其中有许多丢失答案、悬而未解而又耐人寻味的谜。这些军事谜团,有的已埋藏在地底下数千年,有的躺在先人历史古籍或是人文传说中,有的尘封在军事档案不得解密,也有的正在进行追索中等待时间来解决。

例如:我国最早的军队出现于何时?谁是晋阳起兵的领头人?西班牙"无敌舰队"为何不堪一击?拿破仑死因何在?李秀成是否真的写了投降书?"笑面虎"武尔夫缘何投靠英国?萨达姆的"共和国卫队"跑到哪里去了?这些军事历史疑案,包含着理解当时事件的关键细节,也包含着传奇和神秘色彩,牵扯到的人和事也最诡秘。它们刺激着人们探究其真相的强烈兴趣。在对种种历史谜题的破译和解析中,读者不仅能获得知识上的启迪,也可以得到愉快的精神体验。

本书在写作过程中参考了大量的历史文献和考古资料,并吸收了一些历史学、考古学最新研究成果和部分舆论报道信息,从世

界军事历史和当代军事战争中挑选出了 42 个重大军事谜题,分为军队篇、战争篇、人物篇和遗址篇四个部分来向读者介绍,以一种全新的视角和思维来研究和探索这些军事谜题。书中披露了大量鲜为人知的军事细节,并尝试着还原最真实的历史事实,每部分的内容均按时间顺序排列,力求给读者一个清晰的线索。

人类已经迈进了 21 世纪,当今世界日益发达的科技,给我们探究谜底提供了诸多的便利。我们相信在各位军事迷的追寻和探索下,那些逝去的谜底终会有水落石出的一天。在此之前,让我们先跟随本书的脚步,一起去寻访人类军事史上那些至今仍悬而未决的谜团吧。

军队篇

中国最早的军队究竟出现于何时？风光一时的北洋水师因何覆灭？萨达姆的"共和国卫队"到底下落何方？……这一个个军队的谜题，让人困惑，更让人激动。

我国最早的军队出现于何时

作为一个国家政权的基本组成部分，军队一直在国家生活中起着举足轻重的作用。然而，究竟我国是从什么时候开始建有军队的？这个问题却一直没有定论。

史书记载中最早的说法是在上古的神农时期。唐代杜佑编撰的《通典》第一百四十八卷记载："三皇无为天下以治，五帝行教兵由是兴。所谓大刑用甲兵而陈诸原野。于是有补遂（有的书作斧遂，传说中的古代部落）之战，阪泉之师。"银雀山汉墓出土的《孙膑兵法》"见威王"一段中也有"神农战斧遂"的记载。这些记载说明在神农时期已建有军队，而且还因斧遂对神农不臣服，神农领兵去讨伐。

然而，有人对此提出质疑，认为神农时期属于原始社会，那时还没有阶级，没有国家。从当时的社会生产力看，似乎也不具备建立军队的条件。当然也不排斥部落中有少数从事军事工作的人员。神农伐斧遂只是古代的传说，很可能只是一次部落冲突（战争）。

根据第二种说法，最初的军队出现在原始社会末期，也就是公元前二十六至前二十二世纪黄帝时期。汉代司马迁撰写的《史记·五帝本纪》记载："炎帝欲侵陵诸侯，诸侯咸归轩辕。轩辕乃修德振兵，

陕西黄帝陵

……与炎帝战于阪泉之野。……蚩尤作乱，不用帝命，于是黄帝乃征师诸侯，与蚩尤战于涿鹿之野。"以上这段文字中"修德振兵"的"兵"，指的就是军队。"征师诸侯"的"师"，指的也是军队，是从诸侯那里征调来的。这段文字说明，不仅黄帝有军队，而且诸侯也有军队。

司马迁的《史记·五帝本纪》是根据先秦古籍中的有关传说编写的，虽然作者查阅了大量先秦古籍，并进行了调查研究，扬弃了"神农伐斧遂"的传说，仍难免有情况不确之处。因此，军队最早出现于原始社会末期的说法也难以令人真正信服。

第三种说法是：公元前21世纪，我国第一个奴隶主专政的王朝——夏朝的建立才建有军队。《尚书·甘誓》记述了夏帝启与有扈氏"大战于甘"。战前，帝启召集了六军的统领——六卿，进行了动员。《史记·夏本纪》也有记载："有扈氏不服，启伐之，大战于甘。将战，作甘誓，乃召六卿申之。"

　　夏朝被学者们作为奴隶主社会的起点，从国家学说的角度看，奴隶主贵族为了统治奴隶阶级及平民，开始建立军队，制定刑法，修造监狱。这似乎是合情合理的。但是，夏朝的历史基本都是根据古代传说整理的，并且《尚书·甘誓》这篇文章也存在一定的争议，有人认为它是根据传说而写的，还有人认为它是后人假托之作，因此并不能作为确切的史料证据。

　　此外，还有第四种观点：最早的军队出现在殷商时代。在公元前16至前12世纪的殷代，从河南安阳殷墟出土的甲骨文中已有"戈"（国）字，字意是用武力保卫人口，这个武力意味着是军队。甲骨文还记述了商代的军队，由徒兵和车兵组成，师是最大的、固定的编制单位，每个师约有一万人。军队使用铜制兵器，采用十进制编组，有百人团体和千人团体。车兵使用的战车，编有驾马两匹或四匹。车上有甲士三人，一人御车，一人持戈矛，一人操弓箭。车后跟随徒卒。从这些资料看，商代的军队无论在数量上、组织装备上还是作战方式上都已达到了一定的水平。显然，根据事物由低级向高级发展的规律，商朝的军队也应该经历了一个逐渐发展成熟的过程。那么，它最初的形式是什么样的呢？最早究竟出现于何时？这些我们都不得而知。

　　以上就是关于我国最早开始建立军队的4种说法，究竟哪一种说法才真正符合历史的真相，我们还要等待考古发掘和研究的新发现。

我国水军何时开始建立

提起三国时的赤壁之战，可能大家都比较熟悉，曹操号称80万大军，却败在东吴水军手下。南宋时期著名的黄天荡之战，韩世忠、梁红玉率兵大败金兀术。这些都是靠水战获取的胜利，它说明我国历史上早就建立了一定规模的水军。

水军在我国古代称舟师，是当代海军的前身，军队的一个军种。我国是水军的诞生地之一。它是随着造船业的发展，武器装备的改进和作战区域的扩展而产生的。但是，水军究竟是何时建立的？这个问题至今仍是个谜。

传说在原始公社末期，就出现了独木舟和木筏，它最初用于交通运输，后来用于渔业和通商。《周易·系辞下》就有"刳木为舟，剡木为楫"的记载。当时部落之间争战频繁，黄帝与九夷作战，是否渡过淮河、长江，有没有建立水军，还有待考证。

商代甲骨文中多次出现过"舟"字，西周金文中不仅有"舟"字，而且开始出现了"船"字。周时舟船的数量显著增加，

已有多人撑驾的大船。商和西周的军事力量，开始由中原地区逐渐向东南扩展，商已有向东南夷的记载。西周的势力已达到东南沿海和我国南方多水地区。当时军队已具有相当规模，并有运用舟船输送军队或实施渡河的记载，但尚未发现记载舟师建立的时间。

春秋时期临江傍水的吴国、越国、楚国和面临东海的齐国等都有水军，并多次在水面上交战。那时水战中使用的舟船，具有相当的规模。据《神机制敌太白阴经》载："水战之具，始于伍员。以舟为车，以楫为马"。这些代替陆上车马的舟楫，为水军的建立创造了条件。而根据《越绝书》记载，伍子胥还著有水战法，规定舟船的尺寸、水军的编制和船队的战法。

《神机制敌太白阴经》

水战使用的武器有刀、矛、弩、矢、长钩、长斧，此外，鲁国的公输般还创制水战的装具——"钩拒"，这是一种带铁钩的竹篙，对敌船"退则钩之，进则拒之"。用这些战船和武器实施水战，使水战具有相当的规模。如《中国大百科全书·军事》战术条记叙"公元前485年，吴、齐在黄海进行了海战"，当时吴国的舟师，从长江口出海北上，实行远航奔袭，声势浩大。但齐国

舟师没等吴军到达，就在水面上实施截击，结果吴军战败。显而易见，双方进行这样大规模的水战，一定早就要建立一支强大的水军。

公元前549年，楚国派水军进攻吴国，《左传》叙述："夏，楚子为舟师以伐吴。"这次水战比上述吴齐黄海水战早64年。这说的是进行水战的时间，建立水军将比水战还要早。那么我国水军究竟是何时建立呢？这还有待学者和专家们进一步探讨考证。

秦军强大的根源在哪里

公元前771年，来自于西方的游牧部落攻陷了都城镐京，周王朝被迫迁都。在周天子向东迁移的时候，养马的秦人出兵护送。为了感激秦人的忠诚，周天子封秦人的首领为诸侯。秦人就这样建立了自己的国家。

但是，刚刚立国的秦人面临着极其艰难的处境。当时，西北高原是游牧部落的天下，这些马背上的民族极其凶猛，他们经常对秦人进行攻击和屠杀。史书记载，秦人几代先王都战死在疆场，刚刚诞生的秦军血流成河。然而，这支顽强的军队开始在逆

境中成长。经过200多年的浴血奋战，秦军彻底征服了剽悍的游牧民族，统一了西北高原。

公元前356年，一个叫商鞅的人开始在秦国推行改革。商鞅变法之后，秦军开始迅猛地向东推进。

魏国是战国时代的第一个霸主。史书记载：魏国军队身穿重装铠甲，以强悍而闻名。然而，公元前293年，秦军斩首魏军24万，魏国从此衰落。

楚一直是南方的大国，实力雄厚，楚人制造的青铜剑直到今天都赫赫有名。公元前278年，秦军攻占楚国经营了几百年的都城郢，楚国一蹶不振。

赵国位于北方。由于长期与游牧民族对抗，赵人民风剽悍，十分善战。但是，在公元前260年，秦军在长平消灭了整整45万赵军精锐。赵国元气大伤。

自商鞅变法以来，强大的秦军通过一次次战争消耗东方列强的军事力量。在130年的时间里，秦军歼灭六国军队160多万。到公元前230年的时候，再也没有对手能够与秦军抗衡，秦王嬴政就此发动了大规模的统一战争。

十年统一战争期间，六国军队的伤亡总数超过了200万。这是一个令人震惊的数字。公元前221年，最后的齐国不战而降，秦军挺进当时世界上最大的城市临淄。至此，战国时代结束，秦帝国诞生了。

这支近乎战无不胜的秦军究竟是一支什么样的军队呢？

在秦帝国之后 100 年，伟大的史学家司马迁诞生了。他的经典巨著《史记》记录了几百年间秦军发动的一次次战争，但对于战争的详细过程和具体细节，司马迁却很少提到。一场涉及几十万军队、持续几个月的战争，往往只是简略的几十个字、甚至几个字而已。秦军使用什么武器、如何装备、用什么方法攻击对手，司马迁似乎并不关注。

长平之战是《史记》中唯一一场记载比较详细的战役。公元前 260 年，秦军和自己最强大的对手赵军在长平决战，战争持续了整整两年时间。司马迁写到，当双方僵持，久攻不下的时候，秦军出动了一支 2.5 万人的"奇兵"，将赵军一分为二。这支出奇制胜的部队到底是如何作战的，司马迁却没有更多的说明。

在赵军被分隔的同时，秦军派出一支 5000 人的骑兵部队，切断了赵军的粮道。秦国的骑兵部队又是什么样的呢？

秦军合围之后，立即派出一支轻兵部队冲击赵军。这支令人费解的"轻兵"，应该有超乎寻常的攻击力，这个"轻"字又做何解释呢？

1974 年，干旱袭击了陕西省临潼县的西扬村。焦虑的村民希望地下水能够拯救他们枯萎的庄稼。几个村民将打井的地点选在

一片石榴树林里的。三月份的一个黄昏，井水并没有看到，从地下五六米深的地方却挖出了一个真人一样的陶土人头。发现陶俑的消息很快就传开了，考古工作者取代了当地的农民，就在这个打井的地方，专业的发掘开始了。

小小的井口被挖成了巨大的土坑，但是，真人一般的陶俑仍旧不断地在土层中出现。在现场的考古学家袁仲一和同事们断定，这是一个古代的陪葬坑，但谁也没有料到，他们几十天的挖掘，只是冰山一角。

最终的探测结果表明这是一个空前巨大的陪葬坑。它的面积完全超过了人们的想象。1974年，由几个打井的农民开始，20世纪最壮观的考古发现就此拉开了序幕。

陪葬坑中这些武士模样的雕塑当初都是站立的姿势。很明显，它们曾经遭受过严重的破坏。1974年，展现在考古人员面前的，是一具具倒塌的身体。残破的头颅，断裂的手臂，在这个巨大的俑坑中到处都是，在整个考古史上，从来没有发现过数量如此之多的陶俑。

残破的兵马俑开始接受精心的修补，它们当初的面貌开始恢复。一个、两个、三个、一个个陶俑重新站了起来。他们的大小和真人一模一样，清一色都是战士的装束，身着铠甲和战袍，像军队一般，排列得整整齐齐，肃立在一道道隔墙之间。

陪葬坑中还挺立着几百匹战马，它们昂首嘶鸣的状态很容易使人联想到雷霆万钧的战场。在战马的边上，古代战车的痕迹清晰可辨，木制的战车完全朽烂了，车体的轮廓却保留了下来。

兵马俑

几十辆战车，几百匹战马、几千名战士，在 20 世纪 70 年代，排列在考古专家面前的俨然是一个完整的地下军团。关于这个俑坑的存在，史书上没有任何记载，也没有任何传说透露过一丝线索。他们是谁的军队，这个陪葬坑的主人又是谁呢？关中平原是秦汉至唐代的帝王谷，在俑坑西边的地平线上，可以看到一个巨大的土堆，那是秦帝国的创建者秦始皇的陵墓。

这样壮观的陪葬坑似乎也只能是气度非凡的始皇帝的作品。对于考古学家而言，推断最终是否成立还需要更为直接的证据。挖掘在进行，考古人员从泥土中又发现了大量的青铜兵器。仔细清理以后，兵器表面上显露出一些文字。

在这只矛上刻的文字，与今天的汉字非常相似，念作"寺工"。史书记载，寺工正是秦始皇设立的、主管兵器生产的国家机构。在这只戈上，专家们找到了更加确凿的证据，戈上右边的文字是："五年相邦吕不韦造。"吕不韦是秦始皇的丞相，他的职

责之一就是负责秦国的兵器生产。

兵器上面的这些纪年标志着它们准确的生产日期。毫无疑问，这些兵器都是在秦始皇时期铸造，在秦始皇死后作为陪葬品被埋入地下。站在袁仲一和他的同事面前的，竟然是那支被历史的迷雾笼罩、消失了 2000 多年的无敌军队。突然间，司马迁笔下模糊的秦军形象，一下子就变得具体、清晰起来，兵马俑给人们的震撼是无法用语言描述的。

1975 年，整个世界都把目光集中在秦始皇兵马俑身上。许多媒体都把发现兵马俑的消息登在头版。各国元首和政要纷纷来到陕西，为的是能够亲眼目睹古代中国军队的面目。无一例外，他们每个人的内心都受到了强烈的震撼。

这些战士不但一人一个模样，他们的装束也明显不同。有的士兵戴着小帽，有的士兵却仅仅梳着发髻，这种差异意味着什么呢？这些戴着板状帽子的似乎是军官，可他们究竟属于哪个级别？难道 2000 年前的秦军就已经有了严格的军衔制度？

观察整个俑坑，6000 名将士井然有序。他们的排列方法是随意而为还是有什么含义？这些陶土战士能否揭示古代中国谜一样的阵法和战法？一连串的问题都没有答案。

继第一个俑坑之后，考古人员又发现了一个巨大的陪葬坑，它至今仍然覆盖着厚厚的黄土。研究人员制作了由上千张照片拼凑而成的俯视图，通过电脑模拟，可以看到地下的壮观景象。

坑的东北角是弩兵。弩是古代战场上最为精准的武器。长平之战，赵军统帅就是被秦弩兵所杀。

在兵马俑坑，出土最多的青铜兵器是箭头，由于在坑中没有发现弓，考古人员认为，这些青铜箭头都是为弩配备的。

战国时代，箭头的种类繁多，这些箭头上的倒刺和血槽让人感到阵阵杀气。而在兵马俑坑中发现的箭头，几乎都是三棱形的。秦军为什么单单选择了这种三棱箭头呢？

三棱箭头拥有三个锋利的棱角，在击中目标的瞬间，棱的锋刃处就会形成切割力，箭头就能够穿透铠甲、直达人体。

带翼箭头有凶狠的倒刺，但翼面容易受风的影响，使箭头偏离目标。

秦军的这种三棱箭头取消了翼面，应该使射击更加精准。专家对这些箭头进行了仔细地分析。当检测数据最终摆到桌面上的时候，研究人员确实感到难以置信。

检测结果发现：箭头的三个弧面几乎完全相同，这是一种接近完美的流线型箭头。

这种箭头的轮廓线跟子弹的外形几乎一样。子弹的外形是为了减低飞行过程中的空气阻力。我们有理由推测，秦人设计这种三棱形箭头也是出于同样的目的。

　　秦人凭经验接近了现代空气动力学的规律。这种古老的箭头是早期飞行器当中的范本，它和今天的子弹一脉相承。秦弩，连同它配备的弩箭，在那个时代很可能是技术含量最高的武器，它使秦军的攻击力大为加强。

　　坑的南边是一支独立的战车部队，这是一个从不为人所知的兵种，长平战场上秦军神秘的轻兵会不会就是这些车兵呢？

　　紧着车兵的是骑兵，他们四骑一组，井然有序。这就是司马迁笔下，劫断赵军粮道的秦骑兵吗？

　　这些战士的动作表明，他们曾紧握着各自的兵器。由于年代久远，兵器的木制部分经腐烂，金属部分却完好地保存到了今天。兵马俑坑总共出土了4万多件青铜兵器。

　　根据常识，铁兵器的杀伤力要远远大于青铜兵器。装备着落后的青铜兵器的秦军怎么可能战无不胜呢？

　　根据司马迁的记载：就在这个山谷，秦军曾经投入了60万左右的兵力。长平离秦国的都城咸阳将近500公里。2000多年前，一支60万的秦国军队，远离国土，连续作战达两年之久！这是一个令今天的军事专家们迷惑不解的地方，以当时的条件，秦军的后勤供应几乎是一个不可能完成的任务！

　　1948年的冬天，淮海战役爆发，这是解放战争时期规模最大的一场战役。在宽阔的战场上，紧随在解放军身后的是一支支由农民组成的运输队，他们用自家的小车、耕牛连续不断地向前线输送粮食和弹药。在整个战役中，解放军投入了60万的兵力，这个数量与长平之战中的秦军大致相当。但是，在60万解放军身后，为他们提供后勤支持的有整整543万农民。平均9个农民供应一个战士！2000多年前，秦国的人口总数也不过500万而已，60万秦军的后勤保障是怎样实现的呢？

在一个铁制农具和牛耕刚刚开始使用的时代，秦国用什么供养这支60万人的军队进行经年累月地战争？对于这支规模庞大的军队来说，粮草和武器装备的消耗是惊人的。秦国的国力如何支撑如此巨大的消耗？

秦军强大的根源在哪儿？它靠什么建立了空前的丰功伟业？所有这些问题，司马迁在《史记》中并没有提供答案，这也给后人留下了一个永久的谜题。

神秘失踪的古罗马第一军团

公元前53年，古罗马"三巨头"之一克拉苏率领大军东征安息（今伊朗东北），在卡尔莱（今叙利亚的帕提亚）遭到安息军队的围歼，统帅克拉苏被俘斩首，一度所向无敌的罗马军团几乎全军覆没，只有克拉苏的长子普布利乌斯所率的第一军团约6000余人拼死突围。33年后，罗马帝国与安息在经历了无数次大大小小的战争之后，终于化干戈为玉帛，签订了和约，双方开始相互遣返战争俘虏。当罗马帝国要求遣返在卡尔莱战争中被俘的官兵时，安息国当局否认其事。罗马人惊奇地发现，当年突围的古罗马第一军团6000余人神秘地失踪了。

公元1世纪的罗马百夫长

2000多年前从西方历史中消失的"罗马军团"成为一桩悬案，而这桩悬案千百年来一直困扰着中西方史学界。有人说，他们辗转反侧，在中国定居下来了，但不知道在什么地方？

据历史学家们考证：古罗马军团在中国西部获得了"新生"。原来，当时6000多名突围的罗马军团士兵，要想生存下去，他们唯一的选择便是避开帕提亚军队的封锁继续向东前进。最终，这支罗马第一军团的残余部队冲出帕提亚国境，进入了中亚盆地。而在那里，散布着像康居、大月氏这样的小国。于是，善于作战的罗马士兵们便分别以雇佣军的身份被这些小国接纳。到中亚地区后，这些罗马士兵仍保持独立的作战方式和生活方式，如

果没有重大变故，他们很可能就会在这里逐渐繁衍生根。然而就在此时，一场战争再次改变了他们的命运。

当年流落到中亚的罗马士兵，一部分投奔康居，另一部分则补充进入大月氏国的军队。公元前 40 年，大月氏国内发生动乱，五位副王之一的贵霜发动战争，自任大月氏王。被击败的四位副王带着自己的军队和属民，包括那些罗马士兵，向东逃到西汉境内的河西走廊。在那里，这些罗马士兵得到了妥善安置。而投奔康居的那部分罗马士兵则没那么幸运了，因为他们被卷入了北匈奴与西汉军队的战争中。

自汉武帝以来，西汉边境的匈奴已遭受多次打击。公元前 57 年，匈奴内部出现五个单于并立的局面。公元前 53 年，呼韩邪单于宣布归属西汉，并率部南迁至阴山附近。而与西汉为敌的郅支单于因惧怕呼韩邪联合汉军合击他，率众向西面的中亚方向逃去。公元前 40 年，当郅支单于的军队到达康居国时，只剩下 3000 多人。但郅支单干很快得到了康居国的帮助。康居国王不但将郅支单于安置在东部边境，还将手下的罗马士兵借给他。就这样，残余的罗马军团又成了北匈奴军队的雇佣军。

甘肃省永昌县焦家庄乡楼庄子村六队一个名叫者来寨的地方，本是个不为人知的小村落，近年来却引起了国内外媒体的热切关注，这是为什么呢？

　　原来，澳大利亚学者戴维·哈里斯提出，者来寨是古骊靬城遗址，而骊靬城则是西汉安置古罗马战俘之城。

　　中国史籍《汉书·陈汤传》记载：公元前 36 年，西汉王朝的西域都护甘延寿和副校尉陈汤，率 4 万将士西征匈奴于郅支城（前苏联的江布尔城）……征战途中，西汉将士注意到单于手下一支很奇特的雇佣军，他们以步兵百余人组成"夹门鱼鳞阵"，土城外设置"重木城"。而这种用圆形盾牌组成鱼鳞阵的进攻阵式，和在土城外修重木城的防御手段，正是当年罗马军队所独有的作战手段。当年陈汤等人看到的这支奇特的队伍是不是就是 17 年前失踪的古罗马第一军团的残部？郅支城之战，汉军大获全胜，斩首 1518 人，活捉 145 人，受降 1000 余人。甘延寿、陈汤等将这些战俘带回中国。与此同时，西汉河西地区的版图上突然出现了一个名为"骊靬"的县，同时还修建了骊靬城堡。

　　据当地人讲，甘肃永昌者来寨的这个古城墙在 20 世纪 70 年代还有近 1 公里长，它的高度相当于三层楼，城墙上面很宽，就像长城一样可以走汽车。80 年代以后，人们纷纷将城墙上的土取下来当作农肥或筑房用，结果城墙很快就被削去了一大半，到了 90 年代，它已所剩无几了。

　　根据一件件出土文物，历史学家认定，甘肃永昌县的者来寨正是骊靬古城遗址，也正是罗马战俘的聚居地。在考察者来寨的过程中，人们发现，尽管这里的村民们讲汉语，族系也为汉族，但他们当中的很多人都有欧洲人的相貌特征：个子高大，蓝眼睛，眼窝深陷，头发呈棕色，汗毛较长，皮肤为深红色。者来寨共有 400 多口人，其中有欧洲相貌特征的有 200 多人。这些被外人称为"黄毛"的村民很少出外做事，他们总有一种自卑感。他们当中的一些人出外做事总要把头发染成黑色。当地民俗具有古罗马遗风。当地人的葬俗与众不同，他们在安葬死者时，不论地形如何，一律头朝西方。

当地人对牛十分崇尚，且十分喜好斗牛。村民们在春节时都爱用发酵的面粉，做成牛头形馍馍，俗称"牛鼻子"，以作祭祀之用。他们还习惯在村社和主要路口修牛公庙。放牧时，村民们特别喜欢把公牛赶到一起，想方设法让它们角斗，比如将牛群赶到屠宰过牛的地方，牛群嗅到血腥后会发狂地突奔吼叫，或拼死抵斗，俗称"疯牛扎杠杠"。这正是古罗马人斗牛的遗风。

除现存的历史古迹、史料记载、出土文物和活生生的人外，由兰州大学生命遗传科学院主持、耗时两年的 DNA 鉴定结果也给古罗马人在中国繁衍

骊靬亭

的结论予以支持，鉴定样本显示：骊轩村民有中亚和西亚血统，他们是当年失踪罗马军团后裔。

研究者认为，种种证据无疑支持了历史学家的推论。即，在公元前53年的卡莱尔战争中神秘失踪的古罗马第一军团，在东移的过程中曾被匈奴收留，在后来的汉匈郅支城之战时又被汉军俘虏，最后由西汉政府安置在骊轩城定居了下来。然而历史不能重演，古罗马兵团辗转流离的背后一定还有很多隐秘的东西，谁也不能保证未来的历史还会不会出现第二个"骊轩"城。古罗马兵团的征战历史也只能靠想象力和为数不多的史料记载去弥补了。

东西捻军于何时何地分军之谜

太平天国起义时期，捻军是纵横于中原的一支劲旅。1864年，天京沦陷，太平军部与捻军结为一体，在豫南地区进行整顿与改编，组成了以赖文光、张宗禹、任化邦等为首的一支新捻军。由于太平天国失败，全国农民起义力量失去了中心，西北、西南等少数民族起义虽然此起彼伏，但彼此隔绝、孤立无援。

满、汉地主阶级沆瀣一气，加紧围剿新捻军，新捻军的活动愈益艰难。为了适应新的斗争形势。1865 年至 1866 年，由赖文光和张宗禹分别率领，新捻军曾两次分军又两次会合。

1866 年秋，新捻军从山东返回河南。赖文光"恐独立难持，孤立难久"（《太平天国》丛刊第 2 册），决定派张宗禹、张禹爵等率领一部分新捻军往陕西、甘肃联合当地抗清回民起义军，以为掎角之势。新捻军由此分军两部：由张宗禹、张禹爵率领向西北进军的一部称为西捻军，由赖文光、任化邦率领转战于中原的一部称为东捻军。

新捻军分为东、西两军是捻军史上的一件大事。东、西捻军于何时何地分军？据现在见到的资料，大约有三种说法。

一种说法是在同治五年九月十二日（1866 年 10 月 20 日）于河南陈留、杞县分军。这种说法主要见于《湘军志》、《湘军记》等史料。曾国藩在奏稿中也曾提到在杞县分军。《太平天国史事日志》明确记载：1866 年 10 月 20 日（阴历九月十二日），"捻在河南陈留、杞县复分为二支"。《清史稿》记河南巡抚李鹤年曾"亲赴陈留、杞督战"，但没有提到捻军在陈留、杞县分军。

另一种说法是同治五年九月十三日（1866 年 10 月 21 日）在河南中牟分军。《淮军平捻记》说："贼首张总愚、任柱、赖汶洸分道各窜，遂为东西二股，世号东捻、西捻"，"张总愚率股自中

23

牟窜许、陕，经灵、阌入秦是为西捻；而任柱、赖汶洸一股复由豫回窜东境，是为东捻，二股自此遂分"。时河南巡抚李鹤年向清政府奏报，也称在中牟分军："逆捻自中牟南窜，旋分两股：东股任、赖等逆由陈留、兰仪、考城窜向东北，扰及金乡以南；西股张逆南窜许州。"（《剿平捻匪方略》）李鹤年是同捻军交战的豫军头目，他的奏报应较为可信。直隶总督刘长佑在《捻匪东西分窜片》奏报中与李鹤年所奏相同。此外，又有《豫军纪略》等记载可作旁证。

第三种说法是同治五年九月十五日（1866 年 10 月 23 日）在河南许州（今许昌）分军。这种说法主要见于当时负责镇压捻军的清朝钦差大臣曾国藩的信函。

曾国藩《复刘子恕太守》记："不料贼至许州等处，分为两股：张逆则由禹州西窜汝、洛，任、赖则由鄢陵东窜曹、考。"在另一通《复李幼泉副郎》函中，曾国藩据各处探报，亦记在许州分军。同治五年十月十三日，曾国藩在《汇报近日军情折》中说："窃捻逆全股，由山东曹州窜回豫境杞县、扶沟等处，臣于九月十三日驰奏在案。维时尚不知贼分两股之说。"（《曾国藩全集·奏稿》二十五卷）此折中又提到捻军"攻扑许州"。据此，捻军分军在"杞县、扶沟等处"，但是此折并没有排斥在许州分军。

曾国藩于 1865 年 5 月被清政府任命为剿捻的总头目,奉命节制直隶、山东、河南三省军务。曾国藩四布坐探,情报灵通,对于他的主要敌手捻军的行踪,尤其是捻军分军这样一件大事是不可能不清楚的。

由此看来,分军时间三说为:同治五年九月十二日;九月十三日;九月十五日。分军地点三说为:河南中牟、许州、陈留、杞县、扶沟等处,其资料来源均较可靠。

有的学者以为,捻军分军是一件大事,似不可能商定将某天作为分军日,或在某天迅将军队一分为二,所以分军时间可能在九月十二日到九月十五日。关于分军的地点,由于新捻军主要采用流动作战方式,忽来忽去,漂泊不定,因此分军不一定有具体地点,也不一定局限于某地作为分军地点。从地图上看,许州、中牟、陈留、杞县四地构成一个三角地带,分军有可能是在这三角地带流动作战中完成的。但这仅仅是一种推测。

新捻军分为东、西捻军是战略上的失策。东、西捻军分军后,不仅未能互为犄角、相互支援,反而削弱了捻军的力量。东、西捻军被迫在两个战场上分别对清军作战,势孤力单,给敌人造成了各个击破的机会。新捻军分军是捻军史上的一个转折点。由于资料记载不一,捻军究竟于何时何地分军还是一个悬案。

是谁葬送了北洋水师

第二次鸦片战争以后，国人皆以为战争之失，尽在船不坚、炮不利，于是大兴洋务、大治水师。从 1861 年到 1888 年 27 年间，清廷共斥 3000 万两白银，为北洋水师添船购舰，使北洋水师最终成军。当时北洋水师的实力是世界第四，亚洲第一，可谓船坚炮利，但在甲午战争中，却以压倒性的装备优势，惨败于日本的联合舰队，举世震惊。空前的失败产生空前的震撼，整个社会痛心疾首。

巨额军饷堆砌起来的一流的海军不经一战，原因何在？到底是谁埋葬了北洋舰队？

关于北洋水军的覆灭原因，学者们有如下几种观点：

一、清政府的体制及其必然带来的政治和经济的腐败。

从身居要位的历届海军大臣，到北洋舰队普通的一员，大家首先考虑的不是民族国家和军队的利益，而是个人的利害。再强大的部队，也难以抵御这种腐败的侵蚀。随着满族中央政权的衰弱，汉族官僚李鸿章等人纷纷崛起。他们办洋务、兴局厂、练新

军，轰轰烈烈。在相当一部分清朝权贵们看来，北洋水师就是李鸿章的个人资本。因此，朝臣们为了削弱李鸿章，不惜削弱北洋海军！限制北洋海军就是限制李鸿章，打击北洋海军就是打击李鸿章。户部尚书翁同龢以太后修园为借口，连续两年停止发放海军装备购置费，以限制李鸿章。后来恭亲王失势，李鸿章失去台柱，更加势单力薄。他不得不与醇亲王以及各位满族朝臣和好，满足醇亲王挪用海军经费（实际上削减海军实力）的要求。李鸿章则欲借海军重新获得一片政治庇荫，就是这样一些人在掌握着北洋海军的命运！1888 年北洋水师成军以后，军费投资就越来越少。海军只是他们各自政治角逐中的筹码，谁还真正为海军的发展考虑？

在这种体制中的民族国家和军队，纵有铜墙铁壁，最终也会被摧毁；纵有匹夫之勇，终究无力回天。多种资料证明，北洋水师 1888 年成军以后，军风被各种习气严重毒化。当时，北洋军舰上实行"责任承包制"，公费包干，管带负责，节余归己。因此，各船管带平时把经费用在个人前途的"经营"和享乐，无暇对船只进行保养和维修。打仗用的舰船不但不保养备战，反而为了个人私利

李鸿章

27

挪作他用。军队参与走私，舰船常年不作训练，这已不是海军的个别现象。由于只对上、对个别掌握着自己升迁的权势负责，而无须对下、对民族国家负责，因此，欺上瞒下，蔚然成风。平日里演练炮靶、雷靶，惟船动而靶不动。每次演习打靶，总是预先量好码数，设置浮标，遵标行驶，码数已知，百发百中。不明真相者还以为自己强大无比、不可战胜呢！

这样一支军队，这样一种军纪和作风，这样地腐败和糜烂，一旦打起仗来，如何不败？

二、平时不训练带来的严重后果——战术拙劣，失败是必然。

当战场不再是操演场时，面对逼近的敌舰，北洋舰队首先布阵就陷入混乱。丁汝昌的命令是各舰分段纵列，摆成犄角鱼贯之阵。而到刘步蟾那里竟然变成了"一字雁行阵"。而实际战斗时的队形却又变成了"单行两翼雁行阵"。短时间内阵形如此变乱，说明了什么？即使如此勉强的阵形也没有维持多久，待日舰绕至背后时，清军阵列始乱，此后即不能复成型。再看开战。战争一开始，平日缺乏现代素质的官兵在有效射距外慌忙开炮，定远舰刘步蟾指挥首先发炮，首炮非但未击中目标，反而震塌前部搭于主炮上的飞桥，丁汝昌和英员泰莱皆从桥上摔下，严重受伤。一炮之始北洋舰队就失去了总指挥！再勇敢的士兵，无人指挥，又

有何用？这就是平日严阵以待、训练有素的舰队？再看战场厮杀。

激战中落伍的日舰"比睿"号冒险从我舰群中穿过，我"定远"舰在相距四百米距离上发射鱼雷，未中。日本武装商船"西京丸"经过定远舰时，定远向其发四炮，又有两炮未中。战场上只有由硬件和软件联合构成的实力，没有虚假和侥幸！黄海海战中，日舰火炮命中率高出北洋舰队9倍以上！

北洋水师的皇冠——"定远"号铁甲舰

对军人来说，很多东西仅凭战场上的豪壮是不能获得的。往往最为辉煌的胜利，孕育在最为琐碎枯燥、最为清淡无味的平日训练之中。

三、军队平日腐败，战时必然要付出高昂代价。力图隐瞒这一代价，就要借助谎报军情。这也是北洋海军的一个特点。

黄海海战，丁汝昌跌伤，舰队失去指挥，本因我方在有效射距外仓促开炮，震塌飞桥，奏报却成为"日船排炮将定远望台打

坏，丁脚夹于铁木之中，身不能动"！此战北洋海军损失致远、经远、扬威、超勇、广甲等五舰，日舰一艘未沉。李鸿章却电军机处"我失四船，日沉三船"。

一时间除参战知情者外，上上下下多跌进自我欣慰的虚假光环之中。不能战，以为能战；本已败，以为平，或以为胜！北洋报沉的日舰后又出现在围攻威海的日舰行列中。但直至全军覆灭那一天，清军谎报军情未曾中止。1895 年 2 月，左一鱼雷艇管带王平驾艇带头出逃，至烟台后先谎称丁汝昌令其率军冲出，再谎称威海已失。陆路援兵得讯，撤销了对威海的增援。陆路撤援，成为威海防卫战失败的直接原因。

艰难的处境最考验军队。北洋海军在威海围困战后期，军纪更是荡然无存。首先部分人员不告而别。"北洋海军医务人员，以文官不属于提督，临战先逃，洋员院长，反而服务至最后，相形之下殊为可耻"。其次是有组织携船艇的大规模逃遁。1895 年 2 月 7 日，日舰总攻刘公岛；交战之中，北洋海军十艘鱼雷艇及两只小汽船在管带毛平、蔡廷干率领下结伙逃遁，结果"逃艇同时受我方各舰岸上之火炮，及日军舰炮之轰击，一艇跨触横档而碎，余沿汀西窜，日舰追之。或弃艇登岸，或随艇搁浅，为日军所掳"。一支完整无损的鱼雷艇支队，在战争中毫无建树，就这样丢尽脸面地毁灭了。后更发展到集体投降。"刘公岛兵士水手聚党噪出，鸣枪过市，声言向提督觅生路"，众洋员皆请降。面对这样一个全军崩溃的局面，万般无奈的丁汝昌"乃令诸将候令，同时沉船，诸将不应，汝昌复议命诸舰突围出，亦不奉命。军士露刃挟汝昌，汝昌入舱仰药死"。只敢露刃向己、不敢露刃向敌。北洋军风至此，军纪至此，不由不亡。亲历战斗全过程的洋员泰莱，对这支舰队评论如下："如大树然，虫蛀入根，观其外特一小孔耳，岂知腹已半腐。"

北洋舰队鱼雷艇官兵

以上是关于北洋海军覆灭的几点原因，严格来讲，还有其他的许多原因，而其主因至今也没有明确的说法。究竟是谁葬送了北洋海军？还有待历史学家们做进一步的研究。

南京保卫战中神秘失踪的国民党军队

失踪案经常都会有发生，然而成百上千人的军队成建制集体失踪，生不见人，死不见尸，无声无息，杳无踪迹地人间蒸发，甚至在众目睽睽的注视下瞬间消失得无踪无影，这不能不令人瞠目结舌。

半个多世纪前，我国在抗日战争时期也曾遇到过这种怪事。在1937年12月初的南京保卫战中，国民党集中了20万军队云集在南京市周围。

参战部队中有许多来自四川的部队，川军大多是地方保安团队。虽然同仇敌忾，士气高昂，但装备太差，只有步枪、机枪、手榴

位于南京东南的青龙山

弹和少量迫击炮，很快就损失惨重。据南京东郊马群、自水桥地区一些老人回忆：当年损失最惨重的是远道开来的川军某师。他们缺吃少穿，饥寒交迫，但仍求战心切，并不畏惧敌寇。军令部

还查出该团团长名叫伍新华，四川天全县人，川军讲武堂毕业生，原为川军刘湘部下，有作战经验，1934年在南京陆军大学受过一年培训。

然而，他们的枪弹多为劣质品，不堪使用。官兵们的血肉之躯怎能抵挡住疯狂的日寇，几乎全军覆没，该师有一个团，奉命担任阵地左翼，进入绵延十几里的青龙山山区，但却从此消失，无踪无影！

攻占南京的日寇总指挥部在战事结束后统计侵略战果，也发现中国军队有一整个团自皖南开至南京东郊一带就不见了。该团似乎又没能突破日军最精锐的第6师团（师团长为谷寿夫中将，制造南京大屠杀惨案的元凶之一）设下的两道封锁线。日酋松井石根大将、朝香宫中将等人都认为此事蹊跷，不可理解。重庆国民党作战大本营于1939年底统计抗战2年多来作战情况时，也注意到这一怪事，列为"全团失踪"记载入军事档案。

抗战胜利后，国民党军政部、军令部都派出专人对此失踪事件作专项调查，但仍未能查清真相，最终不了了之，列为悬案。在南京地区，不少关注这一神秘失踪事件的人倾向于认为与青龙山山区的溶洞有关。

1970年代初，青龙山区的南京矿校学生和驻军建矿井、采煤，无意中发现过几个洞穴里有几顶锈烂的军用钢盔、朽坏的步

枪和几具骸骨，于是逐级上报。一时间，众说纷纭，莫衷一是。1990 年代初期，与青龙山相距不远的汤山上，发现了一处隐蔽于山腰古岩壁下的古溶洞，已有几百万年历史。

在青龙山区，近十几年来时有古溶洞被发现。1997 年，家住青龙山南麓七里冈的一对农民夫妇在自家屋后一山坡上无意中就掘出一洞穴口，内有钟乳石、古代兽类化石等。当地乡亲们介绍：自古相传，在山南边的七里冈云居寺后地层下有一洞穴，通往山肚里，足见洞很深很长，西汉末年，宰相王莽篡位，派兵征讨转战江南的刘秀。淳化一仗，刘秀战败，率千余兵马逃至这儿，躲进洞穴，始得保命。

也许，当年那一团川军黑夜里为了躲逃日寇的追杀而进入了青龙山区里某一巨大的洞穴，由于某种原因没有再能逃出来，全部葬身于洞中。也许这个团为突围逃生而主动化整为零，部分人已逃出了日寇的封锁圈。后来有人推测这支部队是不是分散突围出去了，然而仔细分析推敲一下日军当年的战役态势和兵力部署后，此种假设便不攻而破。因为当年围攻南京的日军总指挥、南京大屠杀的首犯、灭绝人性的松井石根大将，早在离开倭国东京赴上海战区之前，就早早着手于筹划对南京实施进攻。因此，在攻陷上海后，他在没有报请统帅部最后批准的情况下，就令上海派遣军和第 10 军乘中国军队溃败之机，分多路向南京追击，进攻计划详尽而又周密，企图把整个南京围得滴水不漏，来个一锅端。

为了一网打尽中国军队，日军采取撒大网的大迂回包围，于1937 年 12 月 1 日出动了两个精锐师团从上海以南的杭州湾登陆，沿途经嘉兴、湖州、广德、芜湖一路包抄中国防御部队的大后方。仅 10 天这支日军的一部就和与沿无锡、镇江、句容一线围追过来的日军在南京东南部汤山镇连接起来，从而达成了日军大撒网、大包围之企图，形成了三面对南京围攻收缩之态势。

当时，众所周知，中国守军只有邓龙光将军所指挥的 93 军一部趁日军尚未合围之际，幸运地从山道间大胆穿插突围出去，在这支部队突围后，就再也没有任何一支成建制的中国守军能够冲出日军密不透风的封锁圈了。所以提出这支 2000 多人的全团人马全部突围出去的假设绝难成立。但真相究竟是什么呢？人们都在期待这个谜团能够早日破解。

萨达姆的"共和国卫队"下落何方

2003 年 3 月 20 日，以美国和英国为主的联合部队正式宣布

对伊拉克开战。战争中，在美军向巴格达推进的时候，美军高官曾经表示对要与伊军最精锐部队——共和国卫队交手表示担忧。因为在伊拉克南部地区巴士拉和纳西里耶的战斗中伊拉克的非正规部队都让联军吃了不少苦头，而共和国卫队号称是伊军中装备最精良、战斗力最为强劲的部队。但是后来发生的事情让世界大跌眼镜，令美军欣喜若狂，号称战斗力最为强劲、在巴格达以南阻击美军的共和国卫队消失了，在攻占巴格达基本上没有遇到什么阻挡。他们到哪里去了？给美军在战斗中消灭了吗？

在伊拉克，只要看到军服上缀有红三角的军人，就知道这是共和国卫队的成员。共和国卫队是伊拉克武装力量的重要组成部分，它的前身是复兴社会党的武装力量。萨达姆大权在握后，将其改编为共和国卫队，以制衡正规军并保卫其家族和政府的安全。共和国卫队的单兵素质和部队战斗

萨达姆

力都堪称一流，远远超过了伊拉克正规军。为确保对总统的忠心，这支部队的官兵均为复兴社会党成员，许多高级军官还和萨达姆家族有着血缘和姻亲的关系。此外，共和国卫队成员的宗教信仰也和萨达姆一样，都是逊尼派穆斯林。由于这个原因，共和国卫队又被西方称为"萨达姆党卫军"。当然，共和国卫队也得

到了丰厚的回报，其武器装备和待遇都超出普通的陆军官兵。

两伊战争期间，共和国卫队曾立下赫赫战功，因此相当长时间里，共和国卫队都是萨达姆最为信任的"御林军"。

《时代周刊》记者在伊拉克境内经过大量现场采访，走访了辛迪亚、希拉、库特等 7 大伊战主要战场，检查墓地、察访医院、询问战争目击者，甚至采访了数名伊拉克共和国卫队的逃亡士兵，最后得出结论：在伊拉克战争中只有少数共和国卫队士兵丧生，美军战机投掷 28000 多枚炸弹炸毁的基本是空坦克、空装甲车。而大部分共和国卫队士兵都在美军的军事打击下存活下来，准确地说他们是做了逃兵而活下来的。人们不仅要问：事实是不是如此呢？伊拉克共和国卫队躲到哪里去了？有以下三种可能：

第一，美国收买了共和国卫队，将其解散。最近美国说在伊拉克战争花费了多少亿美元，使世人恍然大悟，问题找到了答案。战争打的是经济势力，通俗地说就是金钱，而美国这次完全就是靠金钱打赢的战争。首先，这场战争是一场势力悬殊的战争，明眼人一看就知道战争的结局。伊拉克军人当然也知道和美军开战必败无疑，加之萨达姆政权在国际上空前孤立，国内不得人心，谁也不愿为萨达姆父子卖命，甚至巴不得借美军之手推翻萨达姆政权。这时美国情报机关，适时和伊拉克军队联系上了，

经过一番讨价还价，最终达成协议，就是伊拉克军队全部投降，美军不追究伊拉克军人任何责任，并按职务高低给予奖金，士兵则用手中武器换取美元。于是萨达姆几百万军队消失得无影无踪了，美军当然也就不再追剿这些放下武器的伊拉克军队。

第二，虽然在这个靠军事政变和暗杀夺取政权的国家中，曾是保护萨达姆家族的铜墙铁壁，但事实表明：共和国卫队并非誓死忠于萨达姆，其中的内幕很复杂，有人甚至认为，共和国卫队在战前就被萨达姆抛弃了，战后群龙无首，一击即溃，卫队成员化身平民。

英国的《卫报》曾报道说，如果美国对伊拉克发动攻击，共和国卫队的精锐部队估计不会誓死保卫萨达姆·侯赛因。他们很可能会倒戈一击，借机除掉萨达姆，这并非空穴来风。据叛逃到西方的前伊拉克陆军少将萨哈利透露："共和国卫队的官兵训练有素，他们恨美国，但也不喜欢萨达姆。在政治上，他们有自己的独特见解，而且掌握着强大的武装力量。他们到底愿意为谁而战？这还是个问题。"更让萨达姆郁闷的是，近年来伊拉克的每一次政变企图都有共和国卫队军官参与：1990年，共和国卫队的一名旅长曾协同他人策划军事政变，结果在行动前两个月被捕。随着时间的推移，萨达姆越来越不信任这支曾立下汗马功劳的精锐之师。目前，虽然共和国卫队的待遇高于正规军部队，但还是被萨达姆当成了外人——萨达姆决意把共和国卫队放在巴格达城外就很能说明问题。

经过综合考虑，西方分析家认为，通过军事手段推翻萨达姆总统的行动将"不会太费劲"。投奔西方的萨哈利也表示，美国的"倒萨"战争一旦打响，士气不高且缺乏忠诚度的伊拉克军队很快就会土崩瓦解。共和国卫队不抵抗的事实已经被战后的行动所证实，至于他们是否已经化身平民，过上与老百姓一样的生活，就不得而知了。

第三，从目前伊拉克国内局势来看，针对美英的军事占领而进行的伊拉克游击战正风起云涌，其中很可能有昔日共和国卫队成员。美国16万占领军介入伊拉克内战，深陷比越战更难以自拔的泥潭，兵力紧绷，使美国无余力对付其他挑战。美军阵亡人数于2008年已突破4000人大关，大大超过了9·11恐怖袭击的死亡人数；30000多人受伤，许多人留下残疾，导致家庭破裂等悲剧。直接军费支出5000亿美元，这个数值正在直追美国在越南战争的总战争费用6630亿美元。伊拉克战争的硝烟渐渐散去，"倒萨控伊"的目标似乎已经达到，但是美国政府很快发现，他们有可能被拖入了一场旷日持久的游击战中。从美国前总统布什宣布在伊拉克的大规模军事行动结束到现在，伊拉克的局势并没有像想象的那样趋于稳定，而是越发混乱不堪。越来越复杂的战

争形势和巨额的军费开支，让美国政府渐渐感到力不从心，也使全球经济蒙上了一层不确定的阴影。伊拉克国内一天也没有停止过战火，关于伊拉克战争，很多人说美国胜利了，也有人说美国失败了。说美国胜利的人，只是从军事角度看问题，认为美国已经打败了萨达姆，所以，美国就胜利了。说美国失败的人，是从战略全局，从政治、军事、经济、社会等综合角度看问题，所以说美国失败了。所以，许多人认为，共和国卫队并没有举手投降，他们只是换了一个方式，在坚持抵抗。

战争篇

西班牙的"无敌舰队"为何会不堪一击？"八一"南昌起义军为何使用国民党旗？珍珠港事件是否曾有前奏？……原本清晰明了的战争，现在却因为这重重的迷雾而显得如此的扑朔迷离。

谁是晋阳起兵的领头人

隋末，天下大乱，各地的农民起义风起云涌，隋炀帝杨广的统治摇摇欲坠。正在此时，李氏集团起兵于太原，攻克长安，翦灭群雄，建立了勃勃生机的唐王朝。晋阳起兵是他们这一行动的起点，然而，关于谁是这次起兵的领头人，学术界却有着不同的说法。

有关唐朝的史书，都说唐太宗李世民是晋阳起兵的领头人，"世民者，济世安民也"，其父李渊起兵是被迫的，是被李世民拉了上了反隋的大船。

《旧唐书·高祖纪》云："太宗与晋阳令刘文静首谋，劝举义兵。"同书《太宗纪》云："时隋祚已终，太宗潜图义举，每折节下士，推财养客，群盗大侠，莫不愿效死力。"《新唐书·高祖纪》云："高祖子世民知隋必亡，阴结豪杰，招纳亡命，与晋阳令刘文静谋举大事。计己决，而高祖

唐太宗李世民画像

未之知，欲以情告，惧不见听。"当李渊知道此事后，初是"大惊"，"阳不许，欲执世民送官，已而许之"。《新唐书·太宗纪》云："高祖起太原，非其本意，而事出太宗。"据此看来，两书记

唐高祖李渊画像

载是一致的，都认为太原起兵的领头人是李世民，而李渊只是被动的受摆布者。《通鉴》关于李渊受摆布的记载还非常具体：先是李世民与刘文静密谋，打算"乘虚入关，号令天下"，继又使裴寂说服李渊，最后李渊才不得不说："吾儿诚有此谋，事已如此，当复奈何，正须从之耳。""今日破家亡躯亦由汝，化家为国亦由汝。"这就是说，李渊是个遇事缺乏主见、无所作为、任人摆布的无能者，如果没有李世民，晋阳起兵就无从谈起。

后来的一些史学专著，多从此说。范文澜《中国通史简编》认为："唐高祖爱好酒色，昏庸无能，只是凭借周、隋大贵族的身份，616年得为太原留守。他起兵取关中，建立唐朝，主要依

靠唐太宗的谋略和战功，他本人并无创业的才干，连做个守成的中等君主也是不成的。"南开大学编的《中国古代史》（上）则说："李渊用他次子李世民的策略，自太原起兵反隋。"十大院校合编《中国古代史》（中）认为："李渊的次子李世民，十分精明干练，他积极聚积力量，劝说李渊起兵反隋。"

对此，学术界也有不同观点。许多学者认为，李渊才是晋阳起兵的真正领头人，他作为隋朝统治集团的一位重要人物，早就有叛隋起兵的念头，只是在正式起兵前几年里，一直处于隐蔽状态罢了，"高祖审独夫之运去，知新主之勃兴，密运雄图"。《旧唐书》及《通鉴》载高祖"纵酒纳赂以自晦"，其实"纵酒"即沉湎，就是装糊涂；"自晦"即混其迹，就是掩盖自己。李渊以"纵酒"作为"自晦"之计，是一种防护性的策略，以消除隋炀帝对他的猜忌，这正是他老谋深算的表现，不能斥之为昏庸的酒徒。而据《旧唐书·宇文士及传》记载，早在晋阳起兵前四五年，李渊就与宇文士及在涿郡"尝夜中密论时事"，武德二年（619 年），宇文士及降唐，李渊对裴寂说："此人与我言天下事，至今已六七年矣，公辈皆在其后。"涿郡密论天下事，李世民才十三四岁，一个十三四岁的少年怎能左右久居高位的李渊呢？615 年，李渊受命为山西、河东抚慰大使时，副使夏侯端劝他早作反隋准备，李渊"深然其言"（《旧唐书·夏侯端传》）。又据

《大唐创业起居注》载，李渊刚做太原留守，就暗暗自喜，对李世民说："唐固吾国，太原即其地焉。今我来斯，是为天与；与而不取，祸将斯及。然历山飞不破，突厥不和，无以经邦济时也。"这表明李渊的政治野心。非常明显，李渊视太原为自己的地盘，早有并吞天下之心，李渊是个颇具雄心、富于权谋的政治家和军事家。晋阳起兵前，他就命李建成"于河东潜结英俊"，李世民"于晋阳密诏豪友"，为起兵作了组织上的准备。升任太原留守后，李渊很快地取得了聚集在太原的济济群士的信任，成为关中地主众望所归的人。起兵攻入长安，"约法十二章"，很快稳定了关中秩序，当上了大唐开国皇帝。因此，晋阳起兵的主要策划者，首推李渊，他绝不是昏庸无能之辈，而是一个"素怀济世之略，有经纶天下之心"的人物。晋阳起兵之时，年仅20岁的李世民，从年资、阅历或者实际的政治、军事经验来说，都够不上领头人物，无论从资历还是威望上，都及不上李渊。

究竟谁才是谁是晋阳起兵的领头人，看来目前还难以给出定论。

45

西班牙 "无敌舰队" 为何不堪一击

"无敌舰队"，顾名思义，就是天下无敌的舰队。然而，西班牙的"无敌舰队"却上演了一出"以多负少"的悲剧，"天下无敌"的舰队变成了英吉利海峡上任人宰割的羔羊。从此以后西班牙急剧衰落，"海上霸主"的地位被英国取而代之。

1588年的西班牙"无敌舰队"与英国舰队的对阵场景

掠夺金银财宝，致使西班牙很快成为欧洲最富有的海上帝国。据统计，公元 1545 到 1560 年间，西班牙海军从海外运回的黄金即达 5500 公斤，白银达 24.6 万公斤。到 16 世纪末，世界贵重金属开采中的 83％ 为西班牙所得。为了保障其海上交通线和其在海外的利益，西班牙建立了一支拥有 100 多艘战舰、3000 余门大炮、数以万计士兵的强大海上舰队，最盛时舰队有千余艘舰船。这支舰队横行于地中海和大西洋，骄傲地自称为"无敌舰队"。

那时，英国的资本主义处于萌芽状态。轻工业的发展，迫使它急于寻找海外商业市场；舰船制造和航海技术的革新，更加膨胀了英国夺取殖民地的勃勃野心。对于西班牙来说，自然不允许其他国家分占它来自殖民地的利益。当时，英国的海上实力并不强大，难以与西班牙海上舰队相匹敌，只能靠海盗头子德雷克、豪金斯和雷利等人组织的海盗集团在海上袭击、拦劫西班牙运载金银的船只，进行海盗活动。英国政府暗中支持的海上抢劫以及对美洲的掠夺严重地威胁着西班牙对殖民地的垄断地位，引起西班牙国王腓力二世的仇视。起先腓力二世不想诉诸武力，他勾结英国天主教势力，企图把信奉天主教的苏格兰女王玛丽扶上英国王位。为此，他在英国开始进行颠覆活动。玛丽早在 1568 年就因苏格兰政变而逃到英国，被伊丽莎白所囚禁。当英国的天主教徒在西班牙的怂恿下谋刺伊丽莎白而另立玛丽时，伊丽莎白乘机处死了玛丽。腓力二世谋杀不成，就决心用武力征服英国。

1588 年 8 月，西班牙和英国为了争夺海上霸权，在英吉利海

47

峡进行了一场举世瞩目、激烈壮观的大海战。这次海战，西班牙实力强大，武器先进，拥有 100 多艘战舰、3000 余门大炮、数以万计士兵，号称为"最幸运的无敌舰队"。而当时英国军队规模不大，整个舰队的作战人员也只有 9000 人。两军相比，众寡悬殊，西班牙明显占据绝对优势。但是，出人意料的是这场海

英国海军司令官德雷克

战的结局以西班牙惨遭毁灭性的失败而告终。到 1588 年 10 月，"无敌舰队"仅剩下 43 艘残破船只返回西班牙，近乎全军覆没。

为什么强大的"无敌舰队"竟然在寡弱对手面前不堪一击、一败涂地呢？大致有三种意见。

一是基础不牢说。有人认为西班牙的强盛只是外强中干，只是表面上的暂时的虚假繁荣，政府只是代表一少部分人的利益。西班牙国王腓力二世蛮横的专制统治，不断搜刮民财，加上连年征战、专横残忍，又挥霍无度，激起了广大人民的愤恨，国内基础不牢，危机四伏。

二是人祸说。首先是海军统帅克鲁兹的死亡。1588 年 1 月 30 日，西班牙无敌舰队统帅、能力最强的海军宿将克鲁兹，在战争一切都准备就绪的时候，突然地死掉了。其次是克鲁兹死后，西班牙国王腓力二世用人不当，指挥失误，导致"无敌舰队"惨败。1588 年 4 月 25 日，腓力二世在里斯本大教堂举行授旗仪式，任命大贵族西顿尼亚公爵为舰队总司令，率领舰队远征。西顿尼亚出身名门望族，在贵族中有较高威望，深得国王信赖，所以被任命为舰队统帅。但是他本来是一名陆将，根本不懂海战，对指挥庞大的舰队在海上作战毫无经验，而且晕船。对这项任命他始料不及，根本没有任何思想准备和信心指挥这场战争。他也曾上书国王请求腓力二世另外安排统帅人员，但未获批准，国王只是另派了一位海员堂迭戈来充当他的海军顾问。此外，当梅迪纳公爵的舰队到达海峡之后，就任命帕尔玛公爵为远征军总司令，率师进发。试想，这样的将领指挥海战，岂有不败之理？

三是天灾说。这种说法认为"无敌舰队"遇上了天灾，而不是人祸。它首先遇到的对手，是非常可怕而又无法战胜的大西洋的狂风巨浪。在"无敌舰队"起航不久即遇到大西洋风暴的袭击，许多船只被毁坏，淡水从仓促制成的木桶中漏出，食物大量腐烂变质，水手们疲惫不堪，大多数步兵也因为晕船而失去战斗力。就这样，进军时机选择不当，造成的"无敌舰队"出师未捷

49

身先死，战斗力已大大受到削弱。不得已，西顿尼亚带着这样一支失去战斗力的舰队与英军开战，从而导致厄运的发生。在交战后匆忙回撤的过程中，在苏格兰北部海域，再次遇到大风暴，一些舰船又被海浪吞噬或触礁沉没。至此，"无敌舰队"几乎已全军覆没。

西班牙舰队的失败，是天灾，更是人祸。从此西班牙的海上霸权地位终结了，也开启了英国在海上王国的盛世。虽然我们并不能肯定是什么原因导致了"无敌舰队"覆亡，但对于海洋权益特别是军事上制海权越来越重要的今天，对于要走出国门的中国海军，隐藏在其中的深刻道理值得所有的军事家深思，加强海洋军事力量建设和创新制海权军事理论更需要提高到国家的高度了。

"八一"南昌起义军为何使用国民党旗

8月1日是中国人民解放军建军节。1949年，毛泽东在提到制作军旗时，强调旗帜上要有"八一"二字，主要是用以纪念1927年的南昌起义。事实上，关于南昌起义仍有诸多谜团至今还

南昌起义主要领导人贺龙、朱德、周恩来、叶挺、刘伯承群雕

仍无定论，其中之一就是起义时为什么打出国民党的旗帜。

1927年8月1日凌晨2时，在周恩来、贺龙、叶挺、朱德、刘伯承等人的领导下，中国共产党利用自己的部队打响了南昌起义的枪声，而当时起义军打的是国民党左派的旗帜。

关于南昌起义打出国民党的旗帜一事，各界至今仍有不同的评论。

肯定者认为，打出国民党旗帜是为了争取国民党左派将领张发奎所带领的第二方面军团的支持，发动回粤运动，团结起义部队中的中下层官兵和争取国民党的真正左派。

当时的大背景是：蒋介石与汪精卫在南京和武汉分别建立国民政府，国共第一次合作破裂，北伐战争告败，中共中央因此决定发动南昌暴动，但当时中国的合法政府依然是国民政府。中共

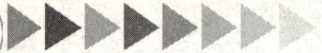

中央领导的南昌起义当时也是以国民党左派的面貌出现的。

据《党史文苑》（2006 年第 02 期）记载，南昌起义打响后，起义军召开了有共产党员及国民党中央委员、各省区与海外党部代表参加的联席会议，成立了中国国民党革命委员会。之后，革命委员会发布了一些重要任命，任命了国民党江西省政府代理主席。因此，北伐部队的称谓及番号仍然沿用国民革命军的名称及序列。

南昌起义后，汪精卫政府急令张发奎、朱培德等部队向南昌进攻，而南方各省的国民党军队也极力组织起义军南下。在这种情况下，起义军被迫分散行动。也正是在这场战斗中，起义军总指挥贺龙的部队也被打散了。

南昌起义部队的标语"誓死杀敌"

而否定者则认为，南昌起义使用国民党的旗帜是一大失误，不仅没有起到积极的号召作用，反而使民众在认识上引起误会。因为在大革命失败后，国民党的旗帜已遭到其右翼的任意践踏，成为反动派残杀革命人民的工具。

1927 年 8 月中旬，毛泽东在给中央的信中提到："国民党的旗子已成为军阀旗子，只有共产党旗子才是人民的旗子。"（摘自

《中共湖南省委给中共中央的信》）8 月 18 日，湖南省委研究秋收起义行动计划时，毛泽东又坚决主张举共产党的旗帜，他认为，不能再照"八七"会议提出的那样打国民党左派的旗帜。在毛泽东等的坚持下，湖南省委会议制定的暴动纲领上就明确指出：鉴于国民党已经变成军阀压迫、屠杀民众的工具，这次暴动不再用国民党的名义，而应当"高高打出共产党的旗子"，用共产党的名义来号召。以上就是旗帜问题的提出过程。

9 月初，毛泽东以中央特派员和湘赣边界秋收起义前敌委员会书记的身份，从长沙经株洲赶到安源，在安源张家湾召开了部署秋收起义的重要会议，决定将湘东、赣西一带农民武装和国民革命军第二方面军警卫团 5000 人，统编为工农革命军第一军第一师，师部就设在警卫团的驻地修水县城商会钱出会馆里。会上，毛泽东对起义部队的番号、旗帜作了统一的规定。

1927 年底，贺龙在找到中共中央后曾对起义作总结，他说："南昌起义总的来说是正确的，只有两个错误，一是打国民党旗，一是没有没收地主的土地。"也许在贺龙看来，使用国民党旗不仅没有起积极的号召作用，反而有误导民众之嫌。

对于南昌起义为何要使用国民党旗的疑问，香港《大公报》在 2007 年 8 月 1 日的报道中援引了军史专家陈宇、徐巍的观点：打出国民党旗帜适应了过渡性的历史特点，不能全盘肯定或否

53

定。从战略和全局上看，这面旗帜的确未能起号召作用，但从策略和局部上考虑，却能起暂时的缓冲作用，争取有利条件，化被动为主动。

二战第一枪为何竟由波兰打响

战争伊始，希特勒就聚集重兵以"闪电战"消灭了自己的邻国——波兰，波兰军队甚至没来得及集结就遭到了灭顶之灾。德国闪击波兰标志着第二次世界大战的爆发。而令人称奇的是，负责对波兰挑起此次大战的小人物——年轻的阿波特·海涅中尉，竟然是一位反纳粹者。

1939年4月底，离希特勒的进攻还有4个月，威海姆·卡拉瑞斯上将从德国最高统帅部的威海姆·凯特尔那儿接到一个特殊的命令，阿勃韦尔要立即成立16个战斗小分队，为德国进攻波兰做好准备。因为德国对波兰还没有宣战，处于和平时期，最高统帅部特别赋予阿勃韦尔战斗分队一项权力：对波兰宣战前12小时可以对其实施挑衅行动。

为了完成这项任务，卡拉瑞斯上将亲自挑选了一批年轻有

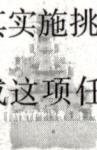

为、甘当重任的指挥官担任分队长官，以确保计划执行得万无一失。其中一个小分队由年轻的阿波特·海涅中尉指挥，他们的任务是占领波兰一条名叫加仑克夫的火车通道。

海涅中尉作战勇敢，头脑冷静，很受上级赏识。但是，实际上

1939年的波兰军队

他本是一个秘密的反纳粹主义者，他一直想铲除希特勒的纳粹政权。就在几周前，他还和一些志同道合的朋友们聚在一起讨论这件事。所有的人都认为，希特勒进攻波兰的行动是毫无顾忌地将祖国推上毁灭的轨道。

8月24日中午刚过，最高统帅部的阿道夫·赫塞哥中校通知卡拉瑞斯，元首已经决定，8月26日凌晨4时15分，德国将进攻波兰。8小时后，赫塞哥再次通知卡拉瑞斯，他的小分队必须在第二天早上8时00分开始行动。

8月25日晚上，卡拉瑞斯又接到了赫塞哥的紧急电话，元首因为政治原因，推迟了进攻波兰的时间，要求卡拉瑞斯"尽一切可能，阻止阿勃韦尔战斗小分队的行动"。

这时候，时间已是晚上8点05分，经过大量的努力，除了一个小分队外，其他所有的小分队都被卡拉瑞斯和他的助手阻止

55

了。而这个小分队，就是阿波特·海涅中尉指挥的小分队。就像掷骰子一样，海涅中尉被选中领导战斗小分队来为他强烈反对的战争铺平道路，尽管他同时还在参与反对希特勒的秘密行动。

因为不知道计划已经发生了变化，海涅中尉领导的这支迷失方向的战斗小分队按原计划开始了行动。8月26日零点刚过1分钟，他们向波兰的火车通道开火，他们很快打跑了波兰的守卫，并且占领了临近的火车站。然后，他们在那里等待德国的装甲师开过来。时间一小时一小时地过去，眼看天黑了，但还没有看见应该来的德国装甲师部队。哪儿出了问题呢？难道是海涅的行动小组搞错了地方？百思不得其解的海涅中尉问一个被俘的波兰少校："怎么样了，德国和波兰的战争？"

德国攻陷波兰

"我认为没有发生。"这个波兰人耸了耸肩膀说。

海涅发现车站的电话居然还能用，于是，抓起电话问应当开过来的装甲师基地的人员。立刻，一位发狂的情报官员告诉他，立即扔掉所有的东西，包括俘虏、敌人的武器及战利品，马上回到边界线德国一侧。

可是已经太晚了，海涅，这位秘密的反纳粹主义者，他所领导的战斗小分队打响了第二次世界大战的第一枪，6 天 4 小时 44 分钟后，也就是 1939 年 9 月 1 日凌晨 4 点 45 分，第二次世界大战爆发了。威海姆·卡拉瑞斯上将的阿勃韦尔在这场闪电战中起了关键的作用，包括破坏波兰军队使用的桥梁、公路等。反纳粹主义者莫名其妙地成为纳粹发动战争的工具，这究竟是上帝的旨意，还是人为的失误，恐怕谁也说不清楚了。

犹太人为何在二战中遭到迫害

二战时期，犹太人惨遭纳粹迫害，据不完全统计，全世界至少有 600 万犹太人惨死在纳粹手下。纳粹头目希特勒在他写的《我的奋斗》说到：雅利安人的最大对立面就是犹太人。希特勒这个极端的种族主义者和反犹主义者，他的杀机是针对灭绝整个

犹太民族的，那么为何他的杀机会针对犹太民族而非其他民族呢？这绝不是他的仁慈，这里面深藏着希特勒制造这个历史之谜的根源。

50多年来，人们对希特勒为何在第二次世界大战中屠杀600万犹太人这一历史悬念进行了大量的研究与分析。人们普遍认为主要有以下原因：

希特勒

第一，宗教的情结。基督教是世界上三大宗教之一。在欧洲，特别是西欧，人们普遍信仰基督耶稣。督教教义认为，犹大是个虚伪狡诈的人，作为是耶稣的12门徒之一，为了30块银币而出卖了耶稣；是犹太人将耶稣钉死在十字架上，基督徒们仇视犹太人。这种宗教感情，逐渐衍化成一种社会心态，也转化成为一种文化沉淀，世代遗传。希特勒这样的政治野心家，正好利用人们仇视犹太人的心理，疯狂推行对犹太人的迫害，在世界各地建立了许多集中营，如：奥斯威辛集中营、达豪集中营、萨克森豪森集中营、布痕瓦尔德集中营、拉文斯布克妇女集中营等，专门用来杀害犹太人，而且手段极其残忍，每天在毒气室死去的犹太人，包括儿童，就有成千上万。远在纳粹上台前，甚至德国大学的许多前沿性机构和学科就开设了歧视犹太人的种族卫生学和

1970年的一天，时任联邦德国总理的勃兰特向二战中被纳粹德国屠杀的犹太人谢罪

种族医学这样的课程。除了这种有组织的恐犹症形式以外，我们还可以看到贯穿整个 20 世纪 20 年代的大量亵渎犹太人墓地和犹太人会堂的罪行。在魏玛共和国时期（1919 年至 1933 年期间统治德国的共和政体），就发生过好几起针对反犹太人的暴乱和骚动。1933 年 1 月 30 日，希特勒当选为德国总理，此后，就开始了他疯狂迫害犹太人的行动，从此，灾难就降临到犹太人头上。最初，纳粹德国采取抑制犹太人的措施。主要是禁止犹太人当公务员、法官、律师、医生等；不许犹太人进入公共娱乐场所；不向犹太人商店购买商品。这一政策的实施，限制了犹太人在经济、政治、社会生活等诸多方面的权利，使德籍犹太人的社会地位降为次等公民。

第二，现实的需要。20 世纪 20 年代末 30 年代初，爆发的世界性经济危机，使德国的工业生产倒退到了上世纪末的水平，贫困和失业导致国内矛盾激化。垄断资产阶级为了转移人们的注意力，只能从对外扩张，从掠夺别国的土地和生产空间中寻找出路，然而，组建军队、购买武器、发动战争都需要金钱做后盾。而居住在欧洲各地的犹太人，较之于其他民族而言，不仅富有，而且人数也比较少。面对这样一个民族，希特勒及其党徒们，既仇恨，又嫉妒。所以要找出种种借口宰割手无寸铁的犹太人。1938 年 11 月 9 日，爆发了史称"砸玻璃之夜"（又译"水晶之夜"）的反犹惨案。这是由希特勒亲自策划，由纳粹领导集团导演和怂恿的。这天晚上，德国各地以及奥地利的法西斯分子走上街头，挥舞棍棒，对犹太人的住宅、商店、教堂进行疯狂地打、砸、抢、烧，公然迫害和凌辱犹太人。在这一惨案中，据统计，有 36 名犹太人被杀害，36 名重伤，267 座教堂被焚毁，7500 余家犹太人商店被捣，3 万余名犹太男子在家中被捕，押往达豪、布痕瓦尔德和萨克森豪森集中营，均被害或折磨致死。仅砸玻璃一项的经济损失就高达 600 万马克。

第三，狂暴的病态心理。希特勒是奥地利海关一个小官吏的私生子，从小缺少良好的教育，青少年时代整天流浪于维也纳和慕尼黑街头，铸就了他既自私又狂妄的性格。正如他小时的一位

奥斯威辛集中营一角

班主任老师后来回忆所说的那样："希特勒缺乏自制力，至少被大家认为性格执拗，刚愎自用，自以为是且脾气暴躁。加上他患有痉挛性的神经质，发起癫狂来甚至会趴在地上啃地毯边。"从有关史料上可以看出，狂暴是希特勒性格的典型特征。

　　1942 年的一天，纳粹德国武装部队外科医师扎尔·伯罗赫奉命去晋见希特勒。希特勒的爱犬就猛扑这位医师，吓得他魂不附体，医师被迫与它细声细语地说话，很快它就平静地趴在医师身边，把前肢搁在医师膝盖上，两眼温顺地看着他，并与他逗笑。希特勒见此情景暴跳如雷："它是完全忠于我的唯一宠物，可你把它骗去了，我要杀死它。"希特勒声音越来越高，简直到了嘶叫的地步，怒吼着威胁要监禁医生。类似这样的事，时有发生，狂暴与嫉恨，造就了他的狠毒和残忍，希特勒是一个有严重病态心理的政治狂人。

历史渊源、宗教情结、现实需要、希特勒个人的病态心理等等因素都可能是犹太人在二战中遭到迫害的原因，但是真正的根源在哪里，恐怕希特勒本人也说不清楚。我们清楚的是，无论找到什么样的借口，在人道主义的原则下，一个民族都没有权利对另一个民族实施如此惨无人道的屠杀，正如日本在南京大屠杀中犯下的历史罪行，时时对我们敲响警钟，让人类避免类似的事情再次发生。

纳粹德国是否拥有原子弹

柏林历史学家莱纳·卡尔施经过多年调查考证，在他的新作《希特勒的炸弹》一书中披露，当年纳粹的科学家至少先后试爆过三颗原子弹。其中一枚是在德国北部的吕根岛，另外两颗则在图林根的奥尔德鲁夫。其中，奥尔德鲁夫的核试验是在 1945 年 3 月 3 日晚 21 时 20 分，它比同年 7 月 16 日美国在新墨西哥试爆的原子弹还要早好几个月的时间。

1938 年，两位德国物理学家发现了核裂变。此后，一批德国科学家在纳粹的命令下开始紧锣密鼓地研制核武器，但是直到

二战结束前，纳粹始终未能掌握真正的"核力量"。这是迄今已经"板上钉钉"、世人公认的史实。但是莱纳·卡尔施在《希特勒的炸弹》中试图通过一系列证据推翻这桩铁案。战争爆发前，德国的核科学领域人才济济。举其要者：物理学家维尔纳·卡尔·海森伯格，是1932年的诺贝尔奖金得主，量子理论的奠基人之一；化学家奥托·哈恩于1938年实现了

海森伯格

核裂变，1945年，他在因禁中获得了当年的诺贝尔化学奖；1934年4月，化学家保尔·哈尔泰克报告德国有关部门：制造原子弹是可能的；同年6月，物理学家西格弗利德·弗鲁格设计出了用铀反应堆生能的过程。

1938年8月，德国军方由物理学家、纳粹党员库尔特·迪普纳主持制定了研究核的计划。两个月后，迪普纳征用了著名的威廉大帝物理研究所，专门进行核研究。其计划命名为"铀俱乐部"。这样，到战争开始时，100多名科学家在柏林、海德堡、慕尼黑、基尔、维也纳等地进行着核研究，海森伯格则扮演着理论导师的角色。

二战期间，盟军方面为了阻止德国科学家造出原子弹，直言不讳地表示，它要干掉这帮科学家。"曼哈顿计划"的总指挥赖

63

斯里·R·格罗斯要求空军轰炸了位于柏林—达勒姆的威廉大帝研究所。盟军还实施过一项大胆的计划，组织一批干练的特工，踏着滑雪板，潜入位于挪威的罗居坎重水厂，用炸药炸了它。但是，该厂遭到的破坏并不严重，很快又恢复运转。盟军还策划过好几个行动，企图绑架或暗杀"最危险的德国人"海森伯格等科学家，但均未成功。

当时一般人认为，如果德国集中其优秀的科学家去攻原子弹，并且对之投入巨大的财力，而不是把钱用在火箭方面的话，他们是有可能搞出原子弹的，不过不一定能在战争结束前搞出来。因为美国虽然在工业和技术上居明显优势，而且有英国科学家和一些前德国科学家的帮助，它也没有在欧洲战事结束之前搞出原子弹。德国人没有下工夫去搞原子弹，是因为他们当时不相信；他们之所以不相信，是因为海森伯格说过，在短期内搞出原子弹是不可能的。在某些人看来，跟海森伯格唱反调，几乎等于亵渎神圣。

卡尔施经过研究发现，传统的史书大都忽略了一个事实，即：1938年发现了核裂变后，除了海森堡领导的"铀俱乐部"，德国还有另外一些研发小组在从事核武器的研究。他们在极其保密的情况下分散在德国陆、海、空三军的实验室里开展工作。领导这一工程的是德国物理学家瓦尔特·格尔拉赫，还有德军武器局研究部负责人埃利希·舒曼和库特·迪普纳等。从 1944 年起，纳粹党卫军也介入了核工程，领导人是汉斯·哈姆勒将军。

据卡尔施的考证，德军方的核技术研究设施最初分散在各地，后来由于盟军打到了德国本土，项目负责人便把部分研究人员集中到图林根的施塔蒂尔姆，同时，还把研制核武器所需的一批材料也运到了该地。当时，纳粹的科研人员在一所学校的楼房里进行了反应堆试验，并在那里制造了几件核武器，其中之一就是日后在奥尔德鲁夫引爆的那颗原子弹。一位名叫苏采克的前纳粹军官站出来，表示可以证实卡尔施的论断。据这位 84 岁的老人回忆，1944 年，纳粹部队曾在德国吕根岛试爆了一颗原子弹。当时，戈培尔的纳粹宣传部还特邀了一批外交官前往观看，苏采克就是从某位外交官处听到这个情况的。记得 60 年前的一天晚上，几个纳粹军官曾悄悄告诉他：这个地方将要发生一起"震惊世界"的事件。果然，是日夜晚，沉沉的黑夜突然变成了白昼。"一股巨大的烟柱腾空而起。瞬间天光大亮，人们甚至可以在窗口看清报章上的小字。"他回忆说，"烟柱迅速膨胀，很快就变得像一棵枝繁叶茂的大树。"

20 世纪 60 年代，德意志民主共和国当局曾在图林根的阿恩施塔特地区搞过一次地方史调查，而卡尔施新近发现的纳粹原子弹结构图即是在这次调查的档案中获得的。另外，除了维尔纳太

太这样的核试验目击者，当地还有一位叫瓦克斯穆特的工人也有类似的回忆。他对试爆后的可怕情景做了如下描述：爆炸后，党卫军命令工程人员将附近一个农舍的木料搬来，堆积在靶场上，然后将许多被严重灼伤至死的尸体放在上面焚烧。这些死者估计都是被关押在奥尔德鲁夫集中营的战俘或囚犯。纳粹把这些人赶到试爆场，目的是确定核爆炸对人体伤害的程度。因此，这批人也可以说是核武器的第一批受害者。

另外，卡尔施认为，当地的土壤分析也可给自己的结论提供佐证。近年来，德国吉森大学、马堡大学以及设在布伦瑞克的德国联邦物理技术局先后在这一地区进行过土壤分析。由于核反应可产生铀235以及衍生物——铯137，而在奥尔特鲁夫，这些放射性同位素明显可见。至于它究竟是核爆炸产生的后果还是源于其他原因，目前尚难做出定论。不过一些专家已经排除了此地受到切尔诺贝利核事故污染的可能性。马堡大学放射化学教授勃兰特认为，当年切尔诺贝利核电站虽然释放了大量的铯137，但它的扩散形态应该是比较均匀的。但在奥尔德鲁夫地区，人们发现的放射性物质，其浓度在100米内出现明显变化，由此可见，这些放射性物质并非来自切尔诺贝利。于是勃兰特也认为，奥尔特鲁夫地区确曾发生过核爆炸。

那么，究竟纳粹是否拥有过原子弹，人们对这个谜底的破译

是充满兴趣的。卡尔施的新发现犹如点燃了一根炮捻，立即在德国史学界引起一声巨响。有人认为，如果卡尔施的结论成立，那么"第三帝国"以及世界核技术发展史就得改写。

"皖南事变"的三个谜团

1940 年 10 月 19 日，国民党参谋总长何应钦、副参谋总长白崇禧发出皓电，强令黄河以南的八路军、新四军于 1 个月内全部开到灾情、敌情并重的黄河以北，欲陷八路军、新四军于绝境，并调兵遣将，在皖南集中了 7 个师 8 万余人的大军，以上官云相为总指挥，采取前堵后追、两翼夹击的部署，伺机"围歼"势孤力单的新四军军部和所属皖南部队。1941 年 1 月 4 日，新四军军部和所属皖南部队 9000 余人，为顾全团结抗战大局，在军长叶挺、副军长项英率领下，从皖南泾县云岭及其附近地区出发，准备绕道茂林、三溪、宁国、郎溪，到江苏省溧阳待机渡江北移。7 日拂晓，当新四军北移部队行至泾县茂林以东山区时，遭到国民党军层层堵截和进攻。新四军指战员在军长叶挺的指挥下，被迫奋起自卫，浴血苦战 8 昼夜，到 1 月 14 日，终因寡不敌众，

弹尽粮绝，除少部分人分散突出重围外，其余分别被打散、被俘或牺牲。叶挺被扣押。政治部主任袁国平在突围时牺牲。副军长项英和副参谋长周子昆在泾县濂坑石牛坞赤坑山的蜜蜂洞隐蔽时于 3 月 12 日夜遭叛徒杀害。1 月 17 日，国民党政府军事委员会发表命令和谈话，反侮新四军为"叛军"，宣布撤销新四军番号，将叶挺"交军法审判"。这就是震惊中外的"皖南事变"。

对于"皖南事变"这样一个中国近现代史、特别是国共两党关系史上重大事件，新中国成立后，特别是十一届三中全会以后，我国学术界，特别是党史、军史学术界，解放思想，实事求是，对之进行了较为全面深入的研究，取得了丰硕的研究成果。但是，由于历史的尘封不可能一一拂尽，因而，迄今为止，仍然留下许多待解

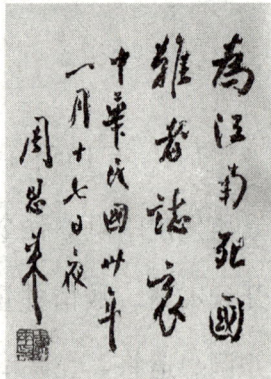

"皖南事变"发生后，周恩来在《新华日报》上的题词

难解之谜，尚需学术界继续不断的加以深入研究探讨。

一、项英为何一再推迟皖南新四军部队北上日期？

国民党的第一次反共高潮被粉碎后，蒋介石将其反共活动的重点由华北转向华中。1940 年 7 月 16 日，国民党提出所谓"中央提示案"，强令黄河以南的八路军、新四军在一个月内撤至黄河以北，并要八路军、新四军由 50 万人缩编为 10 万人。1940

年 9 月 19 日，毛泽东指示叶挺、项英"率部迅即渡江，应于两星期内渡毕增援皖东为要。"10 月 8 日向皖南军部提出了三个行动方案：一、军部移动到铜陵、繁昌三支队活动地区，准备在顽军进攻时渡江到皖北；二、如有可能，移到苏南也可；三、如直接移皖北，即令江北四支队派兵到无为沿江接应。10 月 9 日，刘少

项英

奇致电叶挺、项英，要军部从速北移，指出"如果迟缓，恐有被顽固派阻断封锁可能"。10 月 12 日，毛泽东又再次致电耐心说服项英，说明北移理由，要皖南军部"绝对不要迟延"。10 月 21 日，毛泽东又致电叶挺、项英，要叶挺尽快渡江，以速为好。10 月 25 日，毛泽东又向项英等人转发了周恩来"将新四军主力开至江北"的意见。以后的 11 月 15 日、11 月 21 日、11 月 24 日、11 月 30 日、12 月 14 日、12 月 26 日等日又反复催促项英尽快北移，或在情况有所变化、项英犹豫不决的情况下给予鼓励，或给予严厉的批评，其目的都是为了要项英北移。但对于党中央的指示，项英或直接拒绝之，或婉言拒绝之，直至 1940 年 12 月 28 日才召开新四军军分委会议，决定于 1941 年 1 月上旬北移，致使新四军被围而聚歼，使革命队伍遭受惨重损失。

69

对于项英迟迟不率部北移的原因，有的分析是项英在统一战线问题上受到王明右倾错误的严重影响，抵制执行中共中央关于新四军向敌后发展的战略方针，强调皖南特殊等。有人认为，仅仅作这种分析是不够的，还要"研究历史的、现实（指当时的现实）的、国际的、国内的、个人的种种因素"，要"进入人物的心态"来进行研究。那么，项英当时的心态究竟如何？既未留下片纸只字，也不见有人听到项英的任何流露，尽管我们可以对之进行分析和揣测，但不能作为信史，项英其时最真实的心态究竟是怎样的，恐怕是永远也解不开的千古之谜了。

二、项英究竟有没有一个"三山计划"？

这是关系到新四军北上抗日为什么选择南下茂林而遭到国民党部队围剿的问题。1940年4月3日，毛泽东致电项英，询问新四军皖南部队应付突然事变的准备情况，其中问到："军部及皖南部队被某方袭击时，是否有冲出包围避免重大损失的办法？其办法以向南打游击为有利，还是以向东会合陈毅为有利？渡江向北是否已绝对不可能？"4月9日，项英收到毛泽东来电，当天立即回电，报告皖南部队应付突然事变的准备情况，其中说："向南，为黄山、天目山、纯石山，人少粮缺；靠江，则须经过敌友之间，极不利；渡江，绝对不可能，敌在长江封锁更严，江北桂军已密布江边。""向东，某方已有布置，须冲过两道封锁，经过几次战斗，才能与陈支会合。到苏南，地区不利，处在敌友夹击，地区狭小。只有在广德、宁国一带坚持，继续战斗。"（《新四军·文献》（一），解放军出版社1988年版第153页）可见，最后决定绕道的路线时，项英是作了遇到袭击时坚持在山区和丘陵地带坚持战斗的准备的，并且主要是考虑了新四军各部队善于在山区地形进行作战的因素的。只不过在北上的实际过程中，由于他对蒋介石等的反动本性认识不足，应付突然袭击的准备不充分，故在皖南事变中遇到袭击时，还等不到我军到达广德、宁国一带就被围歼，连他本人也在皖南事变中不幸牺牲。

那么，项英为什么要率领皖南新四军部队向南而北上呢？

这里的关键是：有人说项英有一个建立"第二延安"的想法，也有人认为与新四军大部分部队缺乏在国共合作抗日情况下对所谓"友军"进行集团作战的经验有关。究竟事实是怎样的，这个谜尚待解决。

三、新四军北移出发不利之谜。

新四军北移出发这条路线，是经12月28日新四军军委会反复讨论决定的，当时确认这条路线是一条较少牺牲的路线，但是1月4日部队出发时遭到了一系列的不幸：

一是出发的具体时间是晚上而不是白天，而且又因连日的大雨，路滑难行，这就给部队行军从一开始带来了困难。

二是大部队于 5 日拂晓到达章家渡时，因青弋江水陡涨，在通过章家渡浮桥时，因过于拥挤，仅过千余人，浮桥即被折断，部队被迫涉水过河，延长了渡河时间，加之由于是隆冬季节，很多人衣服湿透，造成了部队的疲惫。

三是由于初出云岭等地不利，部队被迫在茂林停留两个白天加以修整，这样就给了顽军形成紧密包围圈的时间，使北移队伍陷入重重包围之中，未能在合围之前冲出去。

可是，作为全军行动的领导者和组织者，为什么在那样的重大行动前没有精心做周密的安排，不做种种的预案，使部队从一开始就陷入行军的困难之中？为什么部队出发不选择在白天？为什么不考虑连日降雨青弋江已经涨水而采取加固浮桥的措施，进而造成延长渡河时间？为什么一定要在茂林停留两个白天？这些谜至今也不见有令人信服的解答。

"珍珠港事件"是否曾有前奏

"珍珠港事件"前夕，一架名为"上海"号的日本美制装备DC－3 运输机在广东神秘失踪，曾让日军大本营惊惶失措，险些改变了整个第二次世界大战的进程。

1941 年 12 月 1 日晚，珍珠港事变前的一个星期。整个日本指挥机关都被一个沉重的消息压抑着——应该在当天下午到达广州的"上海"号民航机，依然没有到达。日军大本营严令在南京

珍珠港事件中遇袭的美军飞机

的"支那派遣军总司令部"全力寻找。因为从时间推断，该机的油料最多也只能维持到下午 5 点，此时，该机肯定已经迫降或者坠毁。这样一架不大不小的民用飞机，怎么会让整个日军指挥机关一片忙乱呢？

这件事情的经过，还得从"A 号作战"计划说起，它是日军打响太平洋战争的一连串军事部署中，广东方面第 23 军"波"部队执行的攻占香港的作战方案。其中，还提到了奇袭珍珠港的作战计划。因为"A 号作战"的开战命令中，要求"波"部队必须等待珍珠港奇袭成功后，才可以发起对香港的攻击。这样一份绝密情报，如果落入盟军之手，会有什么后果，日本方面非常清楚。此时离日军奇袭珍珠港仅有一周时间，假如杉坂手中的命令落入中国方面手中转交英美，那整个太平洋战争的局面都可能

73

逆转！

杉坂共之少佐，日本陆军大本营（兼支那派遣军）联络参谋，身上携带着大本营"绝密"的"A 号作战"开战，就坐在这架"上海"号民航飞机上，他是死是活？文件的命运如何？日军感到无比紧张，但是最紧张的还是正在向珍珠港航行的联合舰队第一航空队。一旦中国将情报转交英美，奇袭珍珠港计划泄密，等待他们的，有可能是埋伏包围和突然袭击。那可真是"偷鸡不成蚀把米"。所以，总部方面考虑是否应该推迟或者取消计划。

日军驻广东的第七航空联队，全体出动沿着航线寻找，可是，一连两天过去了，他们一无所获。

正在此时，奉命严密监视中国方面各电台信号的译电班，译出一份重要的电文："1 日 14 时，职部平山墟守军狙击大型日机一架，该机坠毁于稻田，有四名日兵进行顽抗，为我击毙，并在机内发现坠毁时死亡三人，现正进一步调查核实战果中。"

同时，情报部门也截获破译了另一封发给重庆的电报，称"已将敌机机体破坏，缴获品及收缴的文件将上送处理"。

气氛顿时转为沉重，12 月 4 日，极度不安的"支那派遣军"总司令部作出决策：一面派另外一名联络参谋高山信武少佐携带文件副本赶去广东，一面上报参谋本部及南方总军司令部——"杉坂少佐携带的文件，落入敌手的可能性极大，根据敌情，我军夺回文件的机会不大，请立即按照文件已经泄漏的前提妥善处理开战准备。"

但是，有人提出不同的看法，他就是具体指挥搜救任务的"波"集团参谋长栗林忠道将军。他认为，事情可能还有转机。首先，根据中国军队的电报，"上海"号上死亡人数和该航班的人数不符，很可能还有幸存者。其次，中国军队的电文密级不高，而且处理问题节奏较慢，似乎并未重视这一事件。

冷静下来的日军指挥机关，马上继续组织搜救，同时决定，如果搜救不成，确定杉坂少佐死亡，那就组织空中力量。猛烈轰炸飞机残骸，务必毁尸灭迹，绝不能让中国方面得到秘密文件。

6日拂晓，日军大本营再次催问情况。这时，离开战的时间只有两天了。南方军总司令官鉴于文件的丢失很可能造成奇袭的失效，建议推迟作战时间，至少改到12月10日。

这时，栗林忠道向中国派遣军总司令部发出了自己的见解——可以确信中国人没有得到文件，请准时开战。栗林的结论是有他可靠的逻辑的。他知道杉坂这样忠实的军人，只要一息尚存，就不会放弃自己的职责。他一定已经处理掉这些文件了。接到栗林的电报，加上推迟作战开始时间会带来更大的风险，大本营决定一切开战部署照计划进行。

6日夜9时，日军驻淡水守备部队荒木支队报告，在城北门接到了一名负伤的日军幸存者。经过鉴别，他正是杉坂少佐的助手，日本陆军25军司令部副官久野虎平。

以下出自久野虎平叙述——

"杉坂少佐焚毁文件不成，遂与我离开飞机，试图寻找山下友军。2日晨即将下山时，发现附近有中国军队在活动，于是折回高地隐蔽。两天后因没有食物，我二人决计向另一方向突出。走到中途，听到飞机坠毁方向传来枪声，知有友军来援，于是赶来会合。但因为道路险峻，无法接近，熬到下午，中国搜索兵出现，将我击伤，杉坂少佐逃走，我二人分开。晚上不见中国兵踪影，乃挣扎到此地……"

"我们离开飞机，随即将所有机密文件撕成碎片，埋在了几十处地点，无法复原了。"

此时，距珍珠港打响，已经不到24个小时……

这就是被称为"珍珠港事件"前奏的"上海"号飞机坠毁事件。可惜中国方面并没有从这突如其来的事件中获取任何情报。究竟是上天注定珍珠港美军的悲惨命运，还是当时中国国民党反应迟钝造成的失误？这个谜团只能留给后人评说了。

是谁烧了"诺曼底"号

"诺曼底"号是一艘 20 世纪 30 年代由法国制造，有史以来最豪华的巨型邮船，长达 1029 英尺，吨位达 83423 吨，与美国"小鹰"号满载航母吨位接近，流线型球鼻艏，电力推进，……被誉为"震惊世界的最豪华、最漂亮的邮船"，就在其被美国海军征用、改装成运兵船的过程中，在即将投入使用的前不到 20 天里，一场离奇的大火使其倒下了。她的"出师未捷身先死"，引起人们的普遍关注，各种猜疑也随之而生。

1941 年的深秋，"诺曼底"号静静地停泊在纽约港的 88 号码头，这个码头在哈得森河上，离繁华的 42 街不远。这艘法国巨轮十分巨大，一次就能够运输 12000 名士兵。1939 年 9 月 1 日，当它

"诺曼底"号驶入码头

在公海上航行时，德国发动了对波兰的进攻，但它还是安全地驶进了纽约港。1941年12月，日本偷袭珍珠港标志着美日之间不宣而战。4天后，希特勒让德国议会不经表决就通过了对美国开战的宣言，就像希特勒和他的高级将领所担心的那样，美国海军立即征用了"诺曼底"号，并对它进行了改装。许多人都热烈支持将该舰改装成军用运输船，大约有1500名民工像蝗虫一样涌向该船进行改装工作。

希特勒的德军也盯上了这只法国船。早在1940年6月3日，法国向德国投降2周后，德军反情报机构就向在美国的纳粹间谍发出了命令："严密注意诺曼底号！"纽约市沿海地区和新泽西的港口城市有许多酒吧，海员们常常在里面肆无忌惮地喝酒，喝醉以后就吹牛，说着海上和船上的消息。新泽西有一个酒吧名叫"施密德的吧"，里面的一个侍者是德国间谍，他每次都格外殷勤地伺候"诺曼底"号上的船员，希望从他们口中挖出有价值的情报。

改装任务非常紧迫，必须在1942年2月28日以前完成。完成后，该舰将在舰长罗伯特·考曼德的率领下，驶离纽约港去波士顿。在那儿，它将要装上10000名士兵和他们的武器装备去英国参战，与纳粹较量。

2月9日下午2时34分，"诺曼底"号船上忽然响起"起火

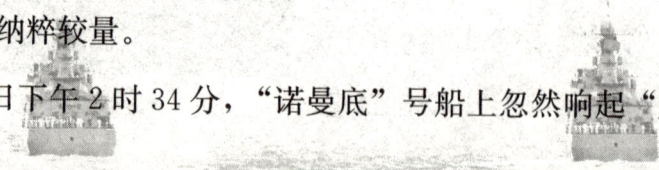

法国文化年的开幕展览上的"诺曼底"号客轮模型

了"的喊声，人们匆忙扑上船去灭火。但是，当天是一个大风天，风助火势，越燃越猛，人们眼睁睁地看着大火很快失去控制，漫过了甲板，不到一个小时，整艘船就成一团熊熊烈火，燃起的火焰把半边天都染红了。纽约市的消防队员说，这是他们见过的最猛烈的大火。火势不断蔓延，3000名民工、船员、海军士兵和海岸警卫队成员见势不妙，爬过"诺曼底"号的船舷，吊下绳子，顺绳子跳到码头上，有的干脆直接跳到踏板上逃生。

3万纽约市民观看这场大火，在他们中有一个头发花白个子矮小的老头，他就是"诺曼底"号的设计师魏德米·亚克维奇。他认为这场大火绝非偶然，因为他清楚地知道"诺曼底"号，船上防火和灭火设施是当时世界一流的。凌晨2时32分，这只倒霉的船终因灌水太多，倾斜过度而翻了过去，就像一条搁浅的大鲸鱼，躺在了哈得森湾的冰面上。在距离远征欧洲只有3周的时

候，美国失去了一条最大的运兵船，这无疑是盟国的损失。同时有 1 人死亡，250 人受了擦伤、扭伤、摔伤以及眼睛和肺部的灼伤。

美国政府立即成立了几个调查组，以查明这起备受公众关注的大事故，联邦调查局和福兰克·霍根律师盘问了 100 多位证人。与此同时，海军也成立了以退休海军少将莱姆·雷黑为首的调查组。2 个月过去了，国会海事委员会成立的调查组发布这样的结论：起火的直接原因应归结于民工的疏忽和管理上的疏漏。这样的结论显然是不能满足人们的猜疑的。

为什么一个如此巨大的海轮，在有大量防火设施的情况下，能够爆发大火，并在几小时内变成一堆焦炭？"施密德的吧"里面的德国间谍是否就是主谋？如果真像调查组所说，起火的直接原因应归结于民工的疏忽和管理上的疏漏，那么这种疏漏是不是为纳粹破坏分子纵火烧船提供了良机？奇怪的是，当天有 1500 名民工散布在船的每一个角落，即使再疏忽，也不至于没有一个人发现有人纵火吧？或者是两个以上的纳粹或纳粹同情者，共同完成了这项破坏性的工作？还是有别的玄机？

总而言之，"诺曼底"号的烧毁是否是纳粹所为，已经伴随着这场大火造成的重大损失成为一个巨大的谜团。

SL125 护送舰队是 "苦肉计的牺牲品" 吗

"火炬行动"是美国自第二次世界大战以来首次进行的进攻行动。在这次行动中，为了确保行动的安全顺利，美国派出一支护送舰队，由大西洋边的西非小国塞拉利昂返回英国，主要由一些空的运输艇和小护卫舰组成。令人惊讶的是，消息灵通的德国舰艇部队，居然放弃看守直布罗陀海峡的职责，大批舰艇群尾随护卫舰而去，使自己门户洞开。虽然最终护卫舰难逃覆灭的命运，这样做美国无疑是占了很大的便宜，而德国舰艇部队则捡了芝麻，丢了西瓜。所以，有人认为 SL125 护送舰队是 "苦肉计的牺牲品"。让我们回到历史中，重温那扑朔迷离的 "火炬行动" 吧！

1942 年 11 月 3 日的深夜，1400 多艘盟军的各式战舰划破大西洋的夜空，向北非驶去。此次行动代号 "火炬行动"，目的地是阿尔及利亚的奥兰港和阿尔及尔港，中途要经过直布罗陀海峡。这条海峡是一条狭窄的水域，长 32 英里，宽 8 到 23 英里，连接大西洋和地中海。在德国，海军元帅艾奇·雷德虽然不知道

这支盟军舰队在北非的具体靠岸地点，但他明白，他们一定要经过直布罗陀海峡而到达他们的目的地。几天以来，德国空军和他们的无线电监测船一直跟踪着这支从不列颠群岛出发的舰队。于是，9艘德国潜艇和26艘意大利潜艇聚集在了直布罗陀山附近，每天进行巡逻。德军的鱼雷中队也进入警戒状态。实际上，德军已封锁了海峡。

此时，一支护卫舰编队也在急速驶向直布罗陀海峡，舰艇上的指挥官美国海军少将雷勒愁容满面，他们是在执行"一项不可能完成的任务"。因为他们要对抗的敌人，是9艘德国潜艇和26艘意大利潜艇组成的"狼群"，而主要由一些空的运输艇和小护卫舰组成的SL125护送舰队根本不具备反潜作战能

"火炬行动"的盟国远征军总司令艾森豪威尔将军

力，"不知道上级是疯了还是傻了？"他在心里暗暗地想。从由大西洋边的西非小国塞拉利昂，返回英国的途中接到上级命令开始，他就一直有种不祥的预感，仿佛一张大网，罩得他透不过气，他信步走上甲板，前方就是直布罗陀海峡。突然，他看见亮光一闪，职业敏感性告诉他，这是敌人潜艇的潜望镜！原来，自

己护卫舰的行动早已在敌人的掌握中！他心里一凛，立刻命令舰艇全速前进，尽快驶出直布罗陀海峡，避免与敌人正面交锋。

追，还是放？德国潜艇编队的指挥官不敢做决定，于是向海军元帅艾奇·雷德请示。此时，盟军舰队离直布罗陀山还有 100 海里左右，艾奇·雷德略一思忖，一挥手，"追！"。于是，驻守直布罗陀山的德军潜艇群浩浩荡荡，向西南方向疾驰而去。令他意想不到的是，24 小时后，德军潜艇群与率领的 SL125 护送舰队拼上了速度。这场德军潜艇和盟军护卫队之间的战争进行了 6 天 6 夜。德军宣称击沉了 30 艘盟军的船只，这相当于雷勒少将所有的运输艇。

但是，就在德军的潜艇都去追击雷勒的舰队的同时，从英国来的战斗舰队平安地溜过了直布罗陀海峡。

战后，人们对此次战役十分好奇。德军的潜艇群真是让人不可思议，它为什么突然朝南去追击拦截一个空的护卫舰队呢？为什么他们追击雷勒舰队长达 6 天 6 夜之久呢？也许这是英国人设的计谋，让叛变过来的德国间谍告诉德军，SL125 上有大量的重要设备和给养，使得德军去追击他们。是不是英国的决策者故意让 SL125 在适当的时间出现在适当的地点，成为"火炬计划"的牺牲品呢？也许只有盟军的高级军官才知道这些问题的答案，但是他们都选择了沉默。直到战争结束多年后，SL125 的指挥官、

不幸的雷勒少将给出了一些他的舰队作为"火炬计划"牺牲品的线索。雷勒说："这是我职业生涯中首次因为损失了好多舰船而受到祝贺！"

日本人为何要吃战俘的肉

美国出版的一本历史题材的新书《飞行员》爆出了一段鲜为人知的惊天惨闻：二战期间，驻守在日本父岛列岛上的日军官兵，曾经击毁了几架美军轰炸机，机上的美军飞行员被迫跳伞逃生，美国前总统乔治·布什也在其中。但是，除了老布什一个人幸运地被美国潜艇救起，另外8名美军飞行员均被日军俘获。此后，日军官兵对他们进行百般折磨并全部杀害，而且还将其中4人掏肝挖肉地吃掉。

1944年9月2日，美国空军几架轰炸机在执行轰炸日占岛屿的作战任务中，不幸被日军击中坠毁，机上飞行员不得不跳伞逃生，但是只有20岁的乔治·布什一个人侥幸获救，另外8名飞行员全部被父岛列岛上的日军俘获。

父岛列岛位于东京南部700多公里处，岛上驻有不少日军官兵。凶残的日军官兵抓获 8 名美军飞行员后，对他们进行了各种折磨。更恐怖的是，他们还把其中的 4 名飞行员开肠破肚，吃掉了他们的肝脏和大腿上的肉。在关岛进行的战争罪审判中，8 名飞行员的可怕厄运早已确定，即他们被日军俘虏后砍头吃掉。然而，为免其家人过于哀伤，相关细节一直被作为最高机密档案封存在华盛顿。

通过当时的见证人提供的审判文书秘密抄本和健在日本老兵的证词，布雷德利摸清了当时的真相。他在书中披露，8 名飞行员被捕后，遭到了日军的折磨、毒打，然后被处死。处死方法有二：或者用剑砍头，或者用刺刀和尖锐竹桩刺伤而死。其中 4 人死后被日军医生"屠宰"，肉被日军高级军官分吃掉。老布什当时之所以逃过一劫，是因为他把飞机迫降到距离父岛更远的海面上，并且挣扎着爬上了一个救生筏。日军派出船只抓捕老布什时，美军飞机猛烈开火，逼退了日军船只。老布什最终被一艘美军潜艇救起。在与《飞行员》同期推出的一部电视电影中，老布什告诉布雷德利，当美军潜艇"长须鲸"出现在眼前时，他还以为自己产生了幻觉。当时他不停呕吐，头部伤口在流血，因为害怕一直在哭泣。获救后他只说了几个字："很高兴上来了。"二战中的这段驾机参加轰炸经历，使老布什获得了"卓越飞行十字勋章"。他的故事也为美国人耳熟能详。但在布雷德利出书之前，

85

他的 8 名同伴的悲惨命运却一直不为人所知。

布雷德利在书中透露，一名叫岩川的日本士兵当时在审判期间证实，最先被吃掉的是美军飞机话务员马弗。日军俘虏话务员马弗·梅尔尚后，蒙上了他的双眼，把他带到一处新挖的坟地前，让他跪在地上，然后用剑砍下他的头。"被砍时，这名飞行员没有喊叫，只是轻轻咕哝了一下。"岩川说。他死后的第二天，岛上的日军军官间条决定做顿"人肉宴"，由自己和岛上的负责军官严吉雄一起享用。间条命令岛上的外科医生寺木将马弗的尸体进行解剖。一名参与解剖的医生在供词中写道："寺木医生用刀切开了飞行员的胸口，然后取出了他的肝。我负责从飞行员的腿上割下了一块肉，还在秤上称了一下。"随后，飞行员霍尔也遭到了同样的对待。父岛日本海军上将森己之藏在法庭上说，射场末雄曾为他的聚会上了一道用弗洛伊德·霍尔的肝脏做成的菜。第三个被吃的美军飞行员名叫吉米·戴伊，被俘后做过几个星期的日军翻译。第四名飞行员沃伦·厄尔·沃恩的部分尸体也被日军分食。另外 4 名美军飞行员虽然没有被吃，但是无一幸存，其中一人系用棍棒打死。

布雷德利与当年那些飞行员的家属进行了联系。当得知上述恐怖的事实后，布雷德利说："所有人的第一反应都是：沉默，无语的沉默。但是我认为，不管怎么样，他们现在知道了自己的亲人到底是怎么惨死的。"布雷德利还透露，前总统老布什的第一反应也是长时间的沉默和不住地摇头。布雷德利表示："布什没有太多的震撼或惊恐的反应，毕竟他也是一名老兵，是经历过战火洗礼的一代人。"老布什还和布雷德利一起回了一趟父岛列岛，老布什非常难过地回忆起当年的岁月，他说："为什么就我一个人活了下来，难道真的是上帝在救我？"而且，他还告诉布雷德利："其实这么多年了，我一直记得当年那些飞行员战友。"老布什的获救是一个奇迹，而那些惨死的美国飞行员，以及许许多多美国战俘为什么会遭到分食，难道真是日本人认为人肉好吃？抑或是一种心理战，甚至心理变态的行为，那就不得而知了。

"阿波丸"号的沉没之谜

据史料记载，"阿波丸"号是一艘建造于20世纪40年代的日本远洋油轮，船长154.9米，宽20.2米，深12.6米，总吨位11249.4吨。1945年3月28日，已被日本军队征用的"阿波丸"号在新加坡装载了从东南亚一带撤退的大批日本人驶向日本。4

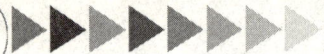

月1日午夜时分，该船行至中国福建省牛山岛以东海域，被正在该海域巡航的美军潜水舰"皇后鱼"号发现，遭到数枚鱼雷袭击，3分钟后迅速沉没。除1人外，2008名乘客、船员以及船上满载的货物、文物等全部沉入海底。据说包括：40吨黄金、12吨白金、40箱左右的珠宝和文物、3000吨锡锭、3000吨橡胶以及数千吨大米。

日本政府坚持认为，"阿波丸"号是严格按照日美救援协议所规定的航线行驶的，如果仔细辨认，完全应当分辨得出它是一艘特殊的非军事船只，美军潜艇的攻击，绝对不是误击，而是一次蓄意的违约行为，美国政府必须公开道歉，并赔偿日方的一切损失。最终，美方通过法庭调查，自知理亏，不得不承认对击沉"阿波丸"号负有责任，并宣称决定对拉福林舰长进行惩罚性处分，承诺赔偿日方的一切损失。但也在末尾留下了伏笔，提议此事留待战后再行解决。美国人当然不是傻瓜，这么做，既向全世界表明美国人充分尊重国际准则，是一个敢于对自己的行为承担责任的大国，又对这一事件的最终解决，留下了"起死回生"的余地。1945年4月，美军发起冲绳岛战役，日本的南大门轰然洞开。冲绳岛的失守在日本国内产生的重大影响是致命的，小叽国昭内阁因此战役的失败而倒台，铃木贯太郎受命组阁。可是，即使在日本全线溃败的时候，新的内阁仍然没有放弃对"阿波丸"

号索赔的权利。

1945 年 8 月 10 日，也就是日本天皇最终宣布无条件投降的前 5 天，铃木内阁依然向美国政府提出了详细的索赔条款：赔偿 2008 名遇难者抚恤金 72 万美元，赔偿规格、条件均与"阿波丸"号相当的船只一艘。

面对日方开出的条件，美国政府表现得十分慷慨大度，通通答应，但又坚持说，暂时不予约定，待战争结束后再行赔偿。日本政府对这样的回答当然不会满意，坚持要求立即予以赔偿。在讨价还价声中，随着两颗原子弹在广岛、长崎上空的巨响，1945 年 8 月 15 日，日本宣布无条件投降。

战败的日本满目疮痍，百废待兴，还面临着巨额的战争赔款，国民人均收入仅有可怜的 20 美元，而有关"阿波丸"号的赔偿，仅现金一项，就高达 72 万美元，对日本政府来说，这无疑是一笔巨款。然而，就在"阿波丸"号沉没后的第四年，也就是 1949 年，当时盟国远东国际军事法庭已经宣告审判日本战犯的工作正式结束，东条英机、广田弘毅、土肥原等罪大恶极的甲级战犯均已被处以绞刑，却在 4 月 7 日这天，日本执政党提出了一项出人意料的决议：主动地而且是无条件地放弃"阿波丸"号被美军潜艇击沉这一事件而产生的所有赔偿要求，善后问题一概由日本政府自己承担！4 月 14 日，日本战后第一任首相吉田茂代

表日本政府和美国政府在协议书上签字，至此，日本正式放弃了因"阿波丸"号被击沉而产生的各项要求。7月7日，日本政府赔偿"阿波丸"号抚恤金的法案获得国会通过。根据这一法案，日本政府以平均每人190美元，也就是7万日元的标准向2008名死难者家属支付了抚恤金，同时向"阿波丸"号当年的所属公司——日本邮船株式会社支付赔偿金5万美元，两项共计44万美元。

　　而这一事件的另一方呢？美国政府承诺惩罚的拉福林舰长的命运理所当然地柳暗花明。原本，美国军事法庭判定拉福林存在一定过错，不得不暂时解除他的军职，以在国际上维护形象。但从骨子里，美国政府当然不愿意处罚自己的一个忠诚能干的军官，所以拉福林借此东风，重返海军，而且从此官运亨通，最后官至华盛顿军区海军司令，70年代时以海军中将的身份光荣退役。这些戏剧性转折的背后，是日本投降后，美军获得了大批秘密文件，其中包括"阿波丸"号装载军事物资的证据。美方据此重新作出结论，"阿波丸"号装载大批战略物资，属于严重违约行为，美军潜艇有充分理由对其发动攻击。

　　1946年2月22日，"阿波丸"事件中唯一的幸存者夏田堪一郎被遣返日本，受到了驻日美军最高司令官麦克阿瑟将军的接见。没有任何资料表明麦帅对这位幸存者说了些什么。事实是，从这以后夏田将所有蜂拥而来的记者关在了门外。在长达20多年的时间里，"阿波丸"号上奇迹般生还的唯一获救者，始终对那天夜里发生的真相保持沉默。关于"阿波丸"号事件的调查，从此很少被双方政府提起。

日本有关"阿波丸"号的报告

1972年2月21日至28日，美国总统尼克松在中美断交长达二十几年后，首次访问由共产党执政的新中国。美国《共和党报》特刊披露，为了这次被尼克松称之为"东西方巨人之间的握手"的访问，美国总统特别为中国政府准备了一份精心挑选的贵重礼物："阿波丸"号沉没在中国领海的大致方位和所载货物的详细清单。《共和党报》称，这份情报是通过人造卫星与中情局人员的努力勘制的，并希望同中国政府合作打捞"阿波丸"号。这一重大消息，迅速引起全世界的注目。与中国建立了外交关系的英国以及与中国尚无外交关系的日本，也争相与中国政府联系，提供自己掌握的"阿波丸"号沉船资料以及对财宝的判断，并强烈要求能够参与打捞。中国政府依据美国人提供的财物清单，并综合日本、英国、联邦德国提供的大量情报，对"阿波

91

丸"号装载财宝，有了一个大致的估算。总价值按照当时市价估算，约合50亿美元之巨！尤其令中国领袖兴奋的是，尼克松送来的那份清单里，竟然还有已经神秘失踪多年、举世瞩目的"北京人"头盖骨！难道1941年失踪的"北京人"头盖骨，真的就躺在万顷碧波之下，等待着被人们再次唤醒？1972年，日本港湾代表团访华，提出允许日本一家打捞公司打捞"阿波丸"号，并向中国政府提供了击沉该船的美国"皇后鱼"号舰长拉福林关于击沉情况的报告和其他一些资料。1973年7月和8月，美国一家律师事务所三次来信，要求打捞"阿波丸"号，并提供了沉船内装载的重要物资种类和数量。

1977年5月份中国曾组织有关方面对"阿波丸"号进行打捞，捞出了3000吨锡锭和"伪满洲国"政要郑禹的家藏小官印和圆砚。对"北京人"头盖骨有着20多年研究的历史学者、《光明日报》出版社社长李树喜说：

"阿波丸"号打捞上来的尸骸

"这是'阿波丸'可能装'北京人'的有力旁证。"但由于技术原因，打捞没有继续进行下去。

当年日本政府为何会突然宣布主动放弃对"阿波丸"的索赔

要求？世界需要答案。而解开这一连串答案的谜底，就在牛山岛海面几十米深的水下。

北约缘何炸我驻南联盟大使馆

1999年5月7日，美国空军一架B－2轰炸机不远万里，从美国本土密苏里州怀特曼空军基地出发经过几次空中加油，于当晚11时，向我驻南联盟使馆投下五枚罪恶的精确制导炸弹，夺走了我国三位记者（邵云环、许杏虎、朱颖）的宝贵生命。

《维也纳外交关系公约》明确规定使馆馆舍、住宅及其领土神圣不可侵犯。美国不可能不懂对一个主权国家使馆进行轰炸意味着什么。为什么美国会"冒天下之大不韪"，轰炸我驻南大使馆呢？

我驻南联盟大使馆遭袭后不到一小时，在北约和美国五角大楼两场新闻发布会上，其发言人都极力回避此问题。迫于我国压力，美国国防部部长和中央情报局局长于5月9日发表联合声明说：错误的情报（一名情报分析家的误判和所用地图太旧）导致了错误的攻击。预定轰炸目标也由南联盟"电视台"变为"物资

供应局"。这个联合声明发表后，从北约总部布鲁塞尔到华盛顿一下子对外统一了口径，他们齐声推脱说，这是"老地图"的错，提供情报的中央情报局错用了美国地图局多年前的"老地图"与过时的航拍照片，结果造成轰炸目标的选择错误。

然而美国国家地图局不愿充当替罪羊，该地图局 5 月 16 日发表一份正式新闻稿，强调"使用我们的产品的人员，不管是国务院、情报分析家，还是陆军、陆战队、海军或空军，都可以信赖国家地图局全力以赴的及时性、准确性……"国家地图局发言人珍妮·拉弗利向《亚洲周刊》证

这是2004年7月1日中国驻前南联盟使馆废墟中即将挖掘出的导弹

实："我们的地图正确地标示了中国大使馆及南联盟军需局的位置。"由此可见，"标错地图误炸说"站不住脚。美国国防大学前校长、蒙特雷国际关系学院荣誉退休校长罗伯特·加德中将说："在中国大使馆事件中，将责任归咎于 7 年前的一张地图是极为荒谬的。"如果说"误炸"只是美国一个阴险的幌子，那么美国又对我驻南使馆有什么企图？美国和北约轰炸我驻南联盟大使馆后，各种背景的媒体寻找各种借

口，各种流言飞语不胫而走，网络也议论纷纷。

猜疑之一，轰炸针对南斯拉夫总统米洛舍维奇。一是说南总统藏在中国使馆避难。有个日本记者说，当时他看见从被炸使馆逃出几个白人，说塞语，猜测南总统当时藏在中国使馆。美国人获取情报南总统在中国使馆允许避难的消息后，断然采取行动，既消灭米洛舍维奇，又试探我国反应。然而迄至炸馆之日，南总统仍在主持大局，国内局势稳定，不存在避难的问题。即使南总统在使馆避难，美国和北约也无权轰炸使馆。世界外交史上，不乏一些政界高层人士，从总统到总理，或是普通平民，都有到外国使馆避难之事。根据《维也纳外交关系公约》，使馆馆舍、住宅

被炸中国驻南大使馆废墟

及其领土神圣不可侵犯，美国无权侵犯我驻南使馆。二是说米洛舍维奇要于5月7日夜来中国大使馆参加招待会。据《中国青年报》报道说，原南联盟军事情报局上校情报员彼得科维奇在接受一家杂志采访时认为：北约轰炸中国驻南大使馆是想炸死南总统。他还说，5月7日，中国大使馆要举行招待会，米洛舍维奇将出席，因此北约决定轰炸使馆。试想在一个战火纷飞的特定时间，在断水断电的情况下，哪一国使馆还会举行招待会？难道是

进行浪漫的烛光晚餐？另外据原驻南大使记录：米洛舍维奇总统除了出席塞尔维亚总统米鲁蒂诺维奇举行的南斯拉夫国庆招待会之外，从未出席外国使馆举行的招待会。

猜疑之二，称美国人怀疑中国使馆曾被用作"无线电转播中心"。由丹麦《政治报》记者延斯·霍尔舍、英国《观察家报》记者约翰·斯威尼等组成的调查小组，披露了这样的结论：美国人怀疑中国使馆里隐藏有先进的通讯和电子窃听系统，中国方面把自己搜集到的军事情报传送给塞尔维亚方面；作为交换，南军将击落的 F—117A 隐形战斗机的残片交给中国。后来，他们随北约部队进入科索沃后，遇到北约一名情报官："这名情报官告诉我，中国大使馆曾被用作一个无线电转播中心。"

众所周知，所有大使馆同其派出国都有无线电通讯联系，中国政府此后已多次发表郑重声明，中国大使馆不是南斯拉夫军队所谓"无线电转播中心"。关于"转播中心"的说法，无非是为以美国为首的北约轰炸中国大使馆的野蛮行径寻找托词而已。

在轰炸中牺牲的新华社常驻南斯拉夫记者邵云环

猜疑之三，袭击中国使馆是一个政治阴谋，是美国的战略利益需要。美国国际行动中心华盛顿办事处负责人马尔科姆·坎依在接受我国驻美记者的专访中谈道：袭击中国驻南联盟使馆是美国有意所为，是美国战略的一部分。美国轰炸南联盟主要出于战略和经济利益。这一战略是为了警告中国政府，也包括向世界其他支持南联盟的国家和组织：不要反对我们轰炸南联盟，否则我们将轰炸你们的使馆、你们的领土和平民百姓。美国和北约的一些敌视中国的强硬派把中国看作是潜在对手，不愿看到中国的迅速崛起和飞跃发展，千方百计地遏制中国，借南斯拉夫战争之机炸中国使馆，来对中国进行战略试探，对中华民族的凝聚力进行探察，也相应地考究中国领导人的决策能力。

猜疑之四，轰炸中国大使馆，是美国对华强硬派给克林顿总统出难题，着眼于下届美国大选。克林顿总统表示致力于推动中美关系的发展，致力于与中国建立战略伙伴关系，在台湾问题上，表示严守中美关系的三个公报、不支持台湾独立，不同台湾发展官方关系。克林顿的对华友好政策引起了美国对华强硬派的不满。他们以轰炸使馆这种非常手段，干扰克林顿的对华政策，破坏中美关系，打击克林顿的威望，挖民主党的墙脚，为下届共和党竞选总统做铺垫。

究竟美国人轰炸我驻南大使馆，是由于错误标定地图，还是其他深层次的原因，归根结底，逃不出一条大国之间的利益原则，我们期待着美国相关档案的解密。

人物篇

战败后的李自成命运如何？"笑面虎"武尔夫缘何投靠英国？世界头号"恐怖大亨"本·拉登现在是死是活？……那曾经叱咤风云、鲜活生动的一个个重磅人物，如今却因一些历史的疑问而蒙上了一层神秘的面纱。

韩信为何被杀

韩信是我国历史上著名的军事家，是西汉王朝的开国功臣。公元前 206 年，秦朝灭亡，西楚霸王项羽和汉王刘邦双方为争夺全国的统治权，展开了历史上有名的"楚汉战争"。在楚汉相争的过程当中，韩信的军事天才得到了充分的展示，他在公元前 203 年攻下齐国 72 城，强迫刘邦封自己为齐王，成为刘、项之外举足轻重的第三种力量。

韩信

汉高帝十一年（公元前 196 年）正月，这位"汉初三杰"之一的大功臣却被杀于长乐宫中，甚至被"夷信三族"（就是将韩信父族、母族、妻族三族的人全部杀光）。

关于韩信被杀的悲剧结局，学者之间历来有不同的看法。

一种意见认为：韩信被杀的真正原因是他蓄意谋反。根据就是：早在楚汉战争最紧要关头时，韩信就逼刘邦封他为齐王，完全暴露了野心家的嘴脸。因而楚汉战争一结束，刘邦就夺了他的兵权，并徙封为楚王。韩信至楚，野心不死，巡行所辖县邑，出入陈列兵仗，被人告发。刘邦采用陈平的调虎离山计，以出游云梦、会诸侯于陈为名，趁韩信前来朝会之际，逮捕了他。刘邦念其大功，又赦免了他，降封淮阴侯，使居长安，韩信从此"常称病不朝从"，"日怨望，居常快快"（《史记·淮阴侯列传》）。公元前200年，他勾结握有重兵的边将陈豨，再次阴谋叛乱。公元前197年，陈豨果反于代，汉高祖亲征，韩信托病不随征，"阴使人至豨所曰：'第举兵，吾从此助公'"（《史记·淮阴侯列传》）。正在此时，他的阴谋再次被人告发，萧何与吕后设计捕杀了韩信，清除了这个闹分裂、谋叛乱的分子。

也有人认为韩信之死完全是因为功高盖主，"鸟尽弓藏，兔死狗烹"。根据就是：韩信被册封为齐王以后，武涉、蒯通都曾经来游说韩信，让他自立为王，被韩信拒绝了。武涉是项羽手下的人，项羽把武涉派去就是想稳住韩信，让韩信守中立。但是韩信说："臣事项王，官不过郎中，位不过执戟，言不听，画不用，故背楚而归汉。汉王授我上将军印，予我数万众，解衣衣我，推食食我，言听计用，故吾得以至于此。夫人深亲信我，我

汉高祖刘邦画像

背之不祥，虽死不易。幸为信谢项王。"就是说：武涉先生你是从项羽那儿来的，我韩信原来也在项羽麾下当差，项羽对我怎么样呢？官不过郎中，位不过执戟——郎中就是警卫员或者说侍卫官，整天拿着一个戟在他门口站岗。我出的主意他不听，我做的策划他不用，所以我才离开项王的。我来到汉王这边，汉王对我怎么样呢？授我上将军印，封我做三军总司令，给我那么多的人马，让我驰骋疆场建功立业，才有了我韩信的今天！何况汉王对我是这么的好，还脱下自己的衣服给我穿，让出自己的饭菜给我吃。一个人对我这么好，这么亲，这么爱，我如果背叛他，那是不吉利的，我宁肯死也不会改变对汉王的一片衷心。对不起得很，武先生，请你代替我韩信谢谢项王吧。

蒯通是韩信自己的谋士，他说话的分量就要重得多了。蒯通一共三次劝说韩信，韩信的回答也是一样的："汉王遇我甚厚，载我以其车，衣我以其衣，食我以其食。吾闻之，乘人之车者载人之患，衣人之衣者怀人之忧，食人之食者死人之事，吾岂可以乡利倍义乎！"所以人们据此推断，既然在当时韩信没有背叛汉王，后来一直保持忠诚于汉室，虽然他要求得到封地，那是作为开国功臣应得的奖励，并非谋反的表现。

所以，临死之前，韩信仰天长叹，说了这么一句话："吾悔不用蒯通之计，乃为儿女子所诈，岂非天哉！"这句话意思是说我后悔啊，我后悔当初没有听蒯通的建议，以至于落到今天这个下场，被小孩子、女人所欺骗，所谋杀，我真是追悔莫及！

那么，我们应当怎样看待刘邦和吕后杀韩信（韩信虽为吕后所擅杀但在事后得到了刘邦的认可）这桩公案呢？这要联系当时的时代背景来考察。在公元前 206 年至前 202 年楚汉战争的过程中，刘邦身边共有 7 人取得王爵，建立了半独立的王国。这些强大的异姓王的存在，对于汉封建国家的统一政权是严重的威胁。刘邦当初封他们为王，原是不得已的权宜之计。他在做皇帝以后的第六个月，就借口诸王谋反，开始一个一个地收拾他们。对于韩信，刘邦既佩服他那"连百万之军，战必胜、攻必取"的军事才能，自称"不如"，同时又对他这种才能极不放心，一向"畏恶其能"，自然不会放过。从国家要统一的观点来看，汉初如果不剪除异姓王，战祸就不会消除，人们就不可能休养生息。所以刘邦杀功臣，尽管有"兔死狗烹"、"鸟尽弓藏"的味道，客观上却是符合人民利益的。然而，韩信谋反的罪名出于莫须有，刘邦也并没有立即杀掉韩信的意思。而吕后偏偏趁刘邦出兵讨伐陈豨的机会，迫不及待地设下圈套把韩信骗进未央宫，绑到钟室偷偷斩首，而且诛灭三族，则是为自己以后篡权扫除一大障碍。谋反云云，实是吕后的一个借口而已，这也许就是韩信被杀的真正原因。

圣女贞德之死

1431 年 5 月 30 日的法国卢昂，人们涌上街头，去观看一场"烧死女巫"的死刑。"女巫"被押赴刑场，捆绑在火刑柱上，只见她是一个年轻的女孩，衣衫褴褛，长相清秀，坚毅的额头下，那一双炯炯有神的眼睛，放射出光芒。群众不由得为她叹息，有人开始哭泣，并且向她伸出双手，不断地呼唤"圣女"。而这个"女巫"手握着十字架不断地祈祷着，并向旁边的牧师请求让她握着一个小十字架。最后火被点燃，几分钟后，一切都结束了。英国人将烧焦的木炭拨开，暴露出焦黑的尸体，以向人群证明她的确死了，接着又燃烧了尸体一次，以避免她的骨灰被人收集。英国人将剩余的灰烬都扔进了塞纳河。负责点火的刽子手后来形容，他当时"非常害怕会因烧死了一位圣女而被打入地狱"。这个被烧死的"女巫"就是法国著名民族英雄——圣女贞德，她就义时，年仅 20 岁。

圣女贞德（1412 年 1 月 6 日～1431 年 5 月 30 日），被称为"奥尔良的少女"，是法国的民族英雄、军事家、天主教会的圣女。在英法百年战争（1337～1453）时，她带领法国军队对抗英军入侵，支持法查理七世加冕，为法国胜利做出了贡献。1430年在贡比涅战斗中被英国人俘虏，判处火刑。

圣女贞德

法国香槟—阿登大区和洛林大区边界有一个叫做动雷米的农村，1412年1月6日贞德就出生在这里。她的父亲叫雅克·达克，在村庄里担任一个小官员，负责收集税金、领导看守村庄之类的工作，母亲叫伊莎贝拉·达克，是一个善良和蔼的妇女。贞德有三个哥哥和一个姐姐。家庭殷实，生活幸福。在16岁之前，贞德和其他普通的乡村少女没有什么两样，她性格天真活泼，虽然不识字，却十分惹人喜爱。

1428年，贞德16岁时的那天，她到村后的大树下玩耍，遇见天使圣米迦勒、圣玛嘉烈和圣凯瑟琳，听到"神的启示"。要求她带兵收复当时被英格兰人占领的法国，为王储查理七世在法国的兰斯进行加冕典礼。

于是，爱国而虔诚的少女贞德，遵从"神的启示"。在1428年5月，前往附近的沃库勒尔，访问当地的驻防部队指挥官

波垂科特，她向指挥官说明来意，请求带她前往王储的所在地——希农，去面见王储查理七世。但是波垂科特认为贞德只是一个无知的农村少女，在胡说八道，嘲笑了她一番，让她离开。

遭到挫折的贞德并没有灰心丧气，第二年的 1 月，她再次找到波垂科特。这一次，她预言正在奥尔良附近进行战斗的法军将会战败（鲱鱼战役），并且说出了一些神奇的战情预报，这些情报都是保密的，一般人不可能知道。波垂科特不得不相信她确实有"神的指点"。当前线传来的消息，证实了贞德的预言后，波垂科特终于下决心，护送贞德前往希农。在那里，贞德还将面临一次考验。王储查理七世早就听说，奥尔良出现了"神奇的贞德"。为了考验真假，他让一个侍从身穿太子服饰，假扮王储，而他自己混在亲信中。贞德一眼就认出了查理七世，尽管之前她从来没有见过他，她径直走到查理七世面前，向他行礼，并且接受了其他种种盘问和质疑，她甚至能够说出查理同幕僚们的密谈。

以上这段充满传奇色彩的资料，出自宗教裁判的记录，内容的真假无法证实。但可以肯定的是，这次会面贞德给查理留下极为深刻的印象，此时法国军队在战场上节节败退，查理考虑把军队指挥权交给贞德。但是这个想法遭到保守派大臣的坚决反对。在这个时候，查理的岳母——约兰德夫人筹措了资金，发起一场解救奥尔良的远征。贞德自告奋勇请求参与这次远征，并穿上了骑士的装备。

战场上，贞德非常勇敢，经常率领战士们冲锋，人们只要看见她挥舞旗帜，就会变得异常坚强，他们相信贞德的力量，相信她有神的保佑，相信她会给法国带来胜利。5月7日的土列尔之战，贞德在交战中，被一支冷箭射中肩膀，士兵们要把她抬离前线，但她很快把箭拔了出来，负伤重返战场，继续指挥战斗，取得了胜利。

贞德17岁时便成为闻名法国的女英雄，在1450年5月13日，她受命前往贡比涅，抵挡英国的攻势。1450年5月23日的一场小规模战斗中，贞德被俘虏了。当她下令军队撤退回贡比涅城时，她率领后卫部队处在军队的最后方，掩护大部队后撤到城里。但就在这时，贡比涅城因为害怕英军跟着闯入，没等到所有部队撤回便将城门关下。贞德与剩余的后卫部队被敌人俘虏，贞德被押到部落之中。

贞德被俘之后，辗转流离到为英国人所控制的宗教法庭。法庭毫不犹豫地指控贞德为邪恶的女巫和宗教异端，强迫她签写了认罪书。在1431年5月，贞德被判处火刑。于是，出现了文章开头，烧死所谓"女巫"的一幕。

贞德死后，百年战争并没有结束，而是继续进行了22年，英国人被彻底逐出法国后，贞德年迈的母亲，说服教皇卡利克斯特三世重新审判贞德的案子。1456 年 7 月 7 日，法庭最终正式宣布贞德的清白。1920 年 5 月 16 日，教皇本笃十五世封贞德为"圣女"。

圣女贞德的故事结束了，但关于贞德身世和死亡的谜团并没有解开，原因是一份 1457 年的资料：说贞德是皇室的私生女，是查理六世的皇后伊莎贝拉同盟弟路易所生。如果贞德是王族的后裔，那么贞德的"神化"很有可能是法国当时政治需要利用宗教故意实施的阴谋，一场如此小的战役不可能就会导致有"特异功能"圣女的死亡。但这一切都不会影响法国人对贞德的崇敬。有一种说法是：处刑的极有可能是替身，真正的贞德并没有被烧死，贞德依然生存，而是被法国士兵从狱中解救出来，被烧死的那个不是真的贞德，而是英国人为了掩人耳目找到的替身。

英国温彻斯特监狱里接受红衣主教审问的贞德

1436 年 5 月 30 日，奥尔良出现自称为贞德的女性。贞德的哥哥皮埃尔认为这名女性是真的贞德。但是，1440 年，巴黎的法院下令调查此事，贞德随即消失。1457 年，调查认为这损害了贞德的名誉，要求删除所有假贞德的资料。

那么，在火刑场上被烧死的那个是否贞德？我们是否应该相信贞德听到神的启示，还是崇拜贞德的人把她神圣化了？这遥远的谜团，将伴随英雄贞德的身影和她那不可确认的身世，留给我们深深的思考。

战败后的李自成命运如何

李自成（1606～?），字鸿基，陕西米脂人，明代末年农民起义军领袖。"开大门，迎闯王，闯王来了不纳粮"是李自成起义军打进北京时，老百姓箪食壶浆，迎接起义军的情景。连小孩子都知道，"闯王"李自成出身贫寒，是为老百姓打天下的。1644年3月19日，李自成率军攻入北京城，走投无路的崇祯皇帝在煤山（今景山公园）自尽，明朝宣告覆亡。然而，骄傲自大

闯王李自成

的他，贪图享乐，卷入一场与吴三桂的美人之争。就在他推翻明朝建立大顺政权后，明将吴三桂负狭隘的国仇家恨引清军入关，李自成仓促迎战，作战失利，进京仅 40 天后，他的百万大农民大军竟然土崩瓦解、顷刻消失，李自成自己也生死不明。

关于李自成的生死，历史上说法很多，"兵败被杀"说是最多的。即李自成兵败，率残部逃至九宫山，队伍散去，永昌二年（1645 年）在湖北九宫山被地主武装杀害。也有一种说法认为李自成并不是死于湖北九宫山，而是削发为僧，老死于湖南。李自成九宫山之死是制造的假象，以逃脱清军追杀。其主要依据是《书李自成传后》一书，该书认为李自成兵败，经湖北公安逃至湖南澧州。闯王见大势已去，便遣散部下，入安福县夹山灵泉寺削发为僧，称"奉天大和尚"，法号"奉天玉"。因为闯王曾称"奉天倡议大元帅"，而其法号"奉天玉"含"奉天王"之义。该书认为李自成于康熙十三年（公元 1674 年）死于夹山灵泉寺中。

据《明史》、《小腆纪年》、《南疆逸史》等史书记载，李自成兵败，率残部逃至九宫山，队伍散去。因此，永昌二年（1645 年）李自成在湖北通山九宫山被地主武装杀害，这一结论是有根有据的。但是，在湖北省境内，有两个九宫山，一在通山县，一在通城县。通山县九宫山，北距武汉市 180 公里，横贯幕阜山脉 17.5 公里，总面积 43 平方公里。主峰老崖尖海拔 1656.7 米，是湖北的道教名山，被誉为鄂东南第一山。而通城县的九宫山位于县城南约三华里处桃源洞之北，这是一座小山，它东临通（城）修（水）公路，西与长（沙）武（汉）公路仅一箭之隔，西南与幕阜山脉锡山主峰一脉相连，标高 355 米。通山县毗邻江西，而通城县则同时与湖南、江西接壤。李自成究竟死在哪个九宫山，也是学术界争论不休的话题。而《明史·李自成传》认为李自成最后死于通城九宫山。直到近几年，随着两套大顺军石碑的发现，研究者根据看到新的证据，继续从事这方面的研究。

这块碑发现于江西修水县与铜鼓县交界的练兵场（据传大顺军在此练兵而得名）附近的一位村民家

一是六块大顺军端石碑刻。这套碑刻发现于江西修水县与铜鼓县交界的练兵场（据传大顺军在此练兵而得名）附近的三位村民家。碑石每块之间大小、厚薄、轻重不一，高 40 厘米～45 厘米，宽 28 厘米～40 厘米，厚 2 厘米～3 厘米，碑石每块均为四

句诗文，落款均署"大顺军"，共186字，诗文如下：

明季三秦多苦难，辽东八旗妄称天。

群雄并起共逐鹿，洪卢挥刀困好汉。

明公举剑起银川，挥洒英豪震九边。

闯王迎祥恨就义，当仁不让军心安。

既占关中议远谋，称王建祚复改元。

挥军北上捣京师，所向披靡无敢战。

一日北京龙椅坐，正当奋力安天下，

不幸汉奸引虎狼，神州变色辱皇汉。

三军既颓返关中，一战清军败潼关。

皇天不佑势难起，亡我闯王九宫山。

一身戎马携刀剑，救世安民志自远。

时不我济身先死，青史载名百代传

这套碑刻记载了李自成的兴衰和功德，但其中的"亡我闯王九宫山"只能排除李自成殉难九宫山以外的所有说法，还不能肯定这个九宫山在通山或在通城，还需要相关的文物和史料作佐证。

二是永昌二年汉白玉碑刻1块。这块碑刻发现于江西武宁县与湖北阳新县交界的大洞牛金星后裔所在地。碑石长97厘米，宽39厘米，厚12厘米，正面篆书"山高水长"；背面8句诗文，

落款为"永昌二年",共 60 字,诗文如下:

> 亡吾闯王九宫山,血海深仇恨不消。
>
> 灭绝通城县贼人,岂能还吾闯王魂?
>
> 天大地大不留人,何处去寻吾王回?
>
> 顺军将士寸肠断,跪泣狂呼吾王归!

由此,有人得出以下结论:1645 年 4 月中下旬,大顺军与英郡王阿济格所率清军在武昌战败,李自成的大将刘宗敏、军师宋献策等重要将领被杀被俘,李自成随主力南下撤退到鄂南通城县。5 月上旬,李自成率 28 骑到距离县城仅 1 公里的九宫山求神拜佛,因通城九宫山曾是唐代著名道仙罗公远修炼之地,李自成为表示虔诚,不使道教圣地有刀光剑影,于是令 28 骑在九宫山下警戒,自己则微服入元帝庙,谒拜元帝像时,突遭杀害。李自成殉难后,大顺军群龙无首,有的降清,有的与南明联合抗清,而李自成夫人高桂英、丞相牛金星以及大顺军老营家属大多隐居于幕阜山一带的深山老林,以图东山再起。

滚滚长江东逝水,浪花淘尽英雄。李自成究竟魂归何处?长期以来,学术界对这一问题各持己见,这个研究工作还有待后人继续。

壮年郑成功因何猝死

郑成功在我国是家喻户晓的民族英雄，然而关于他的死，人们一般很少注意。对这一点专门作些考察，便会发现郑成功的死有些蹊跷。郑成功于 1662 年 6 月 23 日在台南去世，年仅 38 岁壮年时期，又正值台湾收复后不久，这使人们深为惋惜，对他的死也有各种猜疑。

郑成功雕像

郑成功，名森，字明俨，号大木，福建省南安石井人，出身官商家庭。1624 年农历 7 月 14 日，生于日本长崎县平户市千里浜。在日本渡过七个春秋，1630 年间随从其叔芝燕等回国，住安平（晋江市安海镇）郑府。郑成功自幼聪明敏捷，8 岁能通读四书五经，10 岁能写八股文，文章过人，辞藻华丽典雅，11～12 岁，兼习春秋左传，孙吴兵法，并能舞剑学射。21 岁进入南京国子监太学，气宇轩昂，才华横溢，获得师长称赞："此人英雄，非人所得比。"

明隆武帝见成功年少英俊，文武双全，问他"江山危矣，你何从我乎？"，郑成功回答说："文不贪财，武不怕死，江山可保矣。"隆武帝非常欣赏他，即赐他与同姓，易名"成功"，封御营中军都督，授尚方宝剑，自是咸称"国姓爷"。

郑成功一生最伟大的功绩是收复台湾，驱逐荷兰侵略者和大规模开发台湾。对于他的生平及死亡非常简单的记载，导致后人的种种猜测。有人说郑成功得的是肺结核病，有人说得恶性疟疾，有人说得流感，等等。外国学者乔治·菲利浦甚至认出为郑成功得了"疯狂病"（《国姓爷的一生》）。另有人则找出心理上、精神上的病因：认为当时连续发生了几件痛心的事是壮年郑成功死亡的生病的直接原因，"父死、君亡、子不孝、臣抗命，气愤而死"。一是父死。1661 年 9 月郑芝龙一家 11 人，因为被指控和台湾的郑成功私通，在北京被清延处死。二是君亡。南明永历帝朱由榔，逃到缅甸后被缅甸王押送回云南昆明，于 1662 年 4 月被吴三桂绞死在昆明市郊。三是子不孝。郑成功儿子郑经冷落元

配，与其弟奶妈陈氏昭娘私通生子，违反伦常，可说是丑闻一件。郑经妻子写信给郑成功说道："令郎狎而生子，不闻斥责，反加赏赐，此治家不正，安能治国"，让自尊心极强的郑成功难堪震怒。四是臣抗命。郑成功下令将官兵眷属迁往台湾时，官兵因贪图金、厦贸易的便利，商业繁荣发达，抗拒搬迁。另外郑成功下令要求驻守在金、厦的堂兄郑泰处死郑经及奶妈陈氏等，郑泰拒不执行，并且拖延支持台湾的粮运，有联合郑经一起叛变的嫌疑。

郑成功于 1662 年 6 月 23 日在台南去世，年仅 38 岁，当时正值台湾收复后不久，这使人们深为惋惜。关于郑成功的死，同时代人如李光地、林时对、夏琳等人的笔记都很简单，一般是说"偶伤寒"、"感冒风寒"。另外，李光地提到"马信荐一医生以为中暑，投以凉剂，是晚而殂"（《榕村语录续集》）。林、夏等人提到郑成功死前的一些异常情状，林时对的《荷锸丛谈》中说成功"骤发癫狂"，"咬尽手指死"；夏琳的《闽海纪要》中载成功"顿足抚膺，大呼而殂"。据台湾海外网《台湾人的台湾史》的记载："当晚，（郑成功）饮了几杯闷酒，读太祖皇帝的后训，泪如雨下，长叹：'自国家飘零以来，枕戈泣血十有七年，进退无据，罪案日增，今又屏绝荒，遽损人事，忠孝两亏，死不瞑目！天乎天乎！何使孤臣至于此极也！'说完，双手掩面而逝。"无论哪种说法，史料都未明确说明郑成功身染何病？毕竟郑成功此时才38岁，正值壮年，光是"父死、君亡、子不孝、臣抗命"，就能让一位名族英雄气愤致死，一个民族英雄的韧性应该不会只是如此，因此怀疑是否有其他原因。有人认为台湾的当时蚊蝇肆虐，疟疾横行，郑成功可能是患疟疾而亡。但史料并未谈到郑成功死前有忽冷忽热的症状，因此此说不可靠。有人根据郑成功临终前后异常情状和当时郑氏集团内部斗争的背景，推测成功是被人投毒致死的。这是大概是目前最引人注目的一说了。

那么，谁是这起谋杀案的主谋呢？疑点落到了郑成功兄弟辈的郑泰、郑鸣骏、郑袭等人身上，其中以郑泰为首。郑泰长期掌管郑氏集才的海外贸易，握着财政大权，但对郑成功早存异心，曾反对

郑成功收复台湾时的战船

郑成功出兵收复台湾。复台初期的郑氏政权财政极为困难，郑泰却在日本暗地里存银30多万以备他用。等到郑成功去世，郑泰等人迫不及待地伪造成功的遗命诛讨郑经，并抬出有野心但无甚才干、易于操纵的郑袭（郑成功的弟弟）来承兄续统。最后，他

们的阴谋被郑经挫败，郑泰入狱死去，郑鸣骏投降清廷。根据这一情况，策划谋害郑成功的很可能就是郑泰等人。这伙野心家早存篡权之心，可能还和清廷有勾结。他们乘郑成功患感冒，并对郑经的丑闻感到恼怒的时候，开始实施他们罪恶的阴谋。根据夏琳和江日升的记载，郑成功病情开始一直不严重，常常登台观望、看书，有时还饮酒，而且不肯服药。由于郑成功拒不服药，他们可能在酒中下毒，但这期间饮酒也较少，因此七八天后毒性才骤然发作。他们又最后在医生所开的凉剂中下毒，郑成功终于被害。郑成功死后，郑经先是忙于对付郑泰的叛乱活动，等到郑泰事败，他发现郑泰在日本银行的巨款，注意力又集中于追回这笔款子，他本人又因通奸丑事差点被郑成功处死，对郑成功之死也许暗存庆幸之心，因而对郑成功的死因在当时没有深入追究。随时间的推移，这起在当时也许不难侦破的谋杀案，就成了难解之谜。

但这种说法毕竟是猜测，缺乏直接确凿的证据。郑成功死去这年，无论对台湾还是对他本人，都是一个多事之秋，形势极为复杂。有关郑成功死因的各种说法似乎都有一定道理，今天要彻底弄清这个问题已是很困难的了。

年羹尧缘何被赐死

年羹尧，字亮工，号双峰，汉军镶黄旗人。其父年遐龄官至工部侍郎、湖北巡抚，其兄年希尧亦曾任工部侍郎，其妹是胤禛的侧福晋，雍正即位后封为贵妃。年的妻子是宗室辅国公苏燕之女。所以，年家可谓是地位显贵的皇亲国戚、官宦之家。

康熙五十七年（1718 年），策妄阿拉布坦（1665～1727 清代准噶尔部首领）占领西藏，年羹尧上疏请求在打箭炉（今四川康定）至理塘（今四川西部理塘县，距康定285 公里）加设驿站，保证清军后勤畅通，因此受到康熙帝赏识，被任命为四川总督兼管巡抚事，办理松潘军务。此后，其多年在边陲作

年羹尧画像

战，立了很多战功，成为拥立雍正的重要人物。雍正即位后，封年为"抚远大将军"，率岳钟琪等人镇压青海罗布藏丹津的叛乱，

加封太保、一等公。雍正二年（1724 年）突然被下狱，雍正三年（1725 年）以九十二条大罪被赐死。

对于年羹尧缘何失宠被赐死，按照官方说法，年是因为擅作威福、结党营私和贪赃枉法而获罪，但是也有人认为年的死是因为功高震主；甚至有野史称其掌握了雍正篡位的秘密，又有人说年羹尧当年参与了雍正与诸兄弟的皇位之争，雍正这样做是杀人灭口。我们不妨分析一下这些说法：

一种观点认为年羹尧的死是因为他想自立为皇帝。乾隆时学者萧奭在《永宪录》中提到：年羹尧与静一道人、占象人邹鲁都曾商谈过图谋不轨的事。而《清代轶闻》一书则记载了年羹尧失宠被夺兵权后，"当时其幕客有劝其叛者，年默然久之，夜观天象，浩然长叹曰：不谐矣。始改就臣节"。说明年确有称帝之心，只因"事不谐"，方作罢"就臣节"。所以学者们认为"羹尧妄想做皇帝，最难令人君忍受，所以难逃一死"。

但是这种说法是没有充分依据的。在封建时代最注重名分，君臣大义是不可违背的。年羹尧本来就职高权重，又妄自尊大、违法乱纪、不守臣道，引起雍正的极度不满和某种猜疑是很正常的，但是年家受朝廷及皇帝的恩赐多年，又是皇亲国戚，说其有谋反称帝之心，未免言过其实。事实上，雍正就是在年羹尧的帮助下，才顺利登上皇位的，事成以后，雍正一步一步地整治年羹尧，而年也只能俯首就范，一点也没有反抗甚至防卫的能力，只有幻想雍正能看着旧日的情分而法外施恩。所以，他是反叛不了的。雍正曾说："朕之不防年羹尧，非不为也，实有所不必也。"因此说年羹尧图谋不轨之事，明显是给年罗织的罪名，既不能表示年要造反，也不能说明雍正真相信他要谋反。从年羹尧来看，他一直也是忠于雍正的，甚至到了最后关头也一直对雍正抱有很大幻想。直至年羹尧接到自裁的谕令，他也一直迟迟不肯动手，还在幻想雍正会下旨赦免他。一个想要谋反的大臣怎么会对皇帝有这种不切实际的幻想呢？雍正在给年羹尧的最后谕令上说："尔自尽后，稍有含冤之意，则佛书所谓永堕地狱者，虽万劫不能消汝罪孽也。"在永诀之时，雍正还用佛家说教，让年心悦诚服，死而不敢怨皇帝。由此可见，一直是雍正皇帝将年羹尧玩弄于权术的股掌之上。

还有一种观点认为，年羹尧参与了雍正夺位的活动，雍正帝即位后反遭猜忌以至被杀。这正是所谓的"兔死狗烹，鸟尽弓藏"、"过河拆桥、卸磨杀驴"，与年羹尧同命运的还有雍正最为得力的助手隆科多，让人更不禁要怀疑这是雍正的做贼心虚、杀人灭口。根据阎崇年的《正说清朝十二帝》，康熙帝原指定十四皇子继位，雍正帝矫诏夺位，年羹尧也曾参与其中。他受雍正帝指使，拥兵威慑在四川的十四皇子，使其无法兴兵争位。雍正帝

登基之初，对年羹尧大加恩赏，实际上是欲擒故纵。有人不同意此说，主要理由是雍正帝继位时，年羹尧远在西北，并未参与矫诏夺位，亦未必知晓其中内情。但客观上讲，当时年羹尧在其任内确有阻断十四皇子起兵东进的作用。当然，这只能算是合理推定，尚无铁的资料作为支撑，所以，这种是"事出有因，查无实据"。

我们暂且抛开雍正决心除掉年羹尧的真正动因不说，从年羹尧自身而言，他的死确实有点咎由自取。无可否认，雍正是个自尊心很强的人，又喜欢表现自己，年羹尧的居功擅权将使皇帝落个受人支配的恶名，这是雍正所不能容忍的，也是雍正最痛恨的。

年羹尧自恃功高、妄自尊大、擅作威福，丝毫不知谦逊自保，不守为臣之道，做出超越臣子本分的事情，已为舆论所不容；而且他植党营私、贪赃受贿、公行不法、全无忌惮，为国法所不容，也为雍正所忌恨。这就犯了功臣之大忌，势必难得善终。所以《清史稿》上说，隆、年二人凭借权势，无复顾忌，罔作威福，即于覆灭，古圣所诫。

雍正曾经非常恼怒地在将年羹尧调任杭州将军所上的谢恩折上这样批道："看此光景，你并不知感悔。上苍在上，朕若负你，天诛地灭；你若负朕，不知上苍如何发落你也！……你这光景，是顾你臣节、不管朕之君道行事，总是讥讽文章、口是心非口气，加朕以听谗言、怪功臣之名。朕亦只得顾朕君道，而管不得你臣节也。只得天下后世，朕先占一个是字了。"雍正的这段朱批实际上已经十分清楚地发出了一个信号：他决心已定，必将最终除掉年羹尧。至于其中的真正原因，恐怕只有雍正心里最清楚。所以，年羹尧之死被列入"雍正八案"之首的谜团，至今为人们津津乐道。

拿破仑死亡之谜

1821年5月5日下午4时45分，法国近代杰出的军事家拿破仑·波拿巴，在圣赫勒拿岛上度过了6年的囚禁生活，停止了呼吸。作为法兰西第一帝国及"百日王朝"的皇帝、法兰西共和国近代史上著名的军事家、政治家，拿破仑曾经占领过西欧和中欧的大部分领土，使法国资产阶级革命的思想得到了更为深远广阔的传播，直至今日一直受到法国人民的尊敬与爱戴。一位英雄式的人物死在看押时期，他的死不能不让人猜疑。在拿破仑去世后的一个世纪里，对他的死因众说不一，至今仍是一个历史

之谜。

1819 年，拿破仑最忠实的随从、从小与拿破仑相识、同样来自科西嘉的塞普裹亚尼突然生病并死亡，在此之前还有两个仆人也是这样神秘的死去。拿破仑因此预感，自己将是这一串阴谋时间的最终目标。1821 年 5 月，在他在临死前几天，曾对自己的医生说："我不久就要离开人世了。我死后，愿你能解剖我的尸体……我特别要求你认真检查我的胃，写出一份确切、详细的报告，交给我的儿子……我请求你，委托你在这样的检查中不要忽视任何细节。"

尸体的解剖工作是由安托马奇和五位

拿破仑

英国医生进行的。医生解剖他的尸体时，发现胃完全溃烂了，除肝脏稍微有些大外，其余内脏完整无损。但是肝脏的人小和状态令人产生疑心。其中的一位英国医生发现了肝炎引起的症状。另外，拿破仑身上毛发很少，身体柔软，有点像女性身体，身体明显肥胖。但是，这些内容都被删除了，没有出现在圣赫勒那岛总督哈德森·罗伊的验尸报告中。做解剖的所有医生还似乎有意无意地共同遗漏了这样一个问题：拿破仑身上根本没有发生伴随癌症出现的全身消瘦。

最后，医生的结论是：拿破仑像他父亲（1785 年，拿破仑的父亲夏尔·波拿巴在他 40 岁时，死于胃癌）一样死于胃癌，在很长的一段时间里，这个结论为大家所公认。然而，到 19 世纪 50 年代初，法国和德国医学权威却否定了这种说法，而认为拿破仑死于他进攻埃及和利比亚时，染上一种的热带病。但这种说法很快就被随同拿破仑一起流放在圣赫勒那岛的蒙托隆将军否认。

　　拿破仑的尸体最终被一直安放在巴黎的荣军医院教堂（也叫茵伐利得荣民之家，是在公元 1671 年法王路易十四，为其战场归来之贫兵与伤兵们而兴建的荣民之家）。现在，那里已经成为一个神殿和旅游胜地。1840 年，在跟随他一起流亡的几个随从的监督下，拿破仑的坟墓被重新挖开，结果发现拿破仑的尸体保存得非常好。19 年后尸体的完好无损，没有腐烂，为拿破仑的死亡之谜蒙上了一层神秘面纱。这显然不符合常理，令人疑窦丛生。

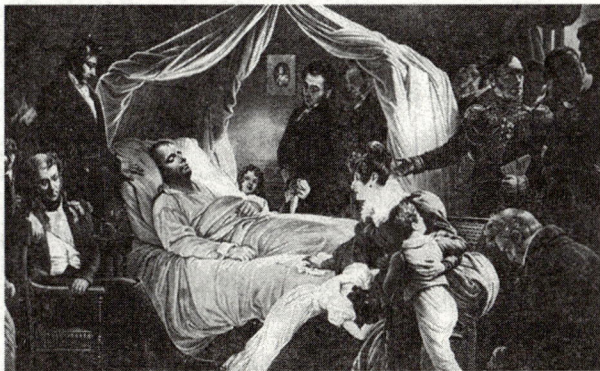

拿破仑之死

　　1882 年初，瑞典医生斯坦·福舒夫伍德的《谁是杀害拿破仑的凶手》一书在法国问世，该书以大量史料证明拿破仑死于砒霜

125

中毒，引起了世界的轰动。作者认为拿破仑死前的症状：心悸，身体两侧和双肩、腰部剧痛，肝脏肿大，四肢无力，除头发外，全身毛发脱落……这些很像砷中毒的迹象。同时，福舒夫伍德还找到几绺拿破仑的头发进行了化学分析，得出了重要结论：拿破仑的头发每克含砷 10.38 微克，是当时正常人含砷量的 13 倍，拿破仑死于小剂量的砷中毒。这种结论似乎可以解释为什么拿破仑死后尸体长期不腐。

如果真如福舒夫伍德医生所说，拿破仑小剂量砷中毒，那么凶手是谁，是出于什么动机，要毒死这位军事天才，这位显赫一时的帝国皇帝？有人说拿破仑住的地方被人下毒。据说，滑铁卢战役失败后，被放逐到圣赫勒拿岛，他所住的卧室里贴了一种特殊的墙纸。这张墙纸不到 1 米长，其成分中有一种绿色涂剂，富含高浓度砒霜。岛上气候非常潮湿，含有砒霜的墙纸受潮后蒸发出水汽，水汽中也充满了高浓度的剧毒砷化物，使整个卧室空气受到污染，拿破仑因长期呼吸这种有毒物质，导致慢性中毒死亡。英国文献专家理查德认为，这张墙纸里所含的砒霜或许能证明砒霜是导致拿破仑死亡的真正原因。理查德还认为，即使拿破仑真的死于胃癌，这种有毒墙纸也加速了他的死亡。

也有一些历史学家宣称，是蒙托隆将军下的毒，蒙托隆是法国保皇党和英国的"走狗"。蒙托隆将军在圣赫勒那岛上负责后勤，掌管着食品贮藏室的钥匙，蒙托隆知道拿破仑在岛上只饮一种葡萄酒。有两次，拿破仑以这种酒赠人，受赠者饮酒后都病倒了，症状和拿破仑一样。曾经由于饮了赠酒而患病的古尔戈，在病愈后，向拿破仑提出过对这种酒的疑惑，但并未能引起拿破仑的注意。1821年初，蒙托隆虽然不再向拿破仑饮用的酒里抽放砒霜，但他叫医生偷偷让拿破仑服甘汞类药物，因为这类药物，既可使砷中毒者加速死亡，又可消除受害者胃里中毒的痕迹。

为什么蒙托隆将军要害死拿破仑呢？更多的人认为，拿破仑对这位在战场上毫无建树的纨绔子弟从不欣赏，拒绝提拔他，导致蒙托隆将军对拿破仑十分仇恨。

虽然以上这种说法得到一些人的同意，但拿破仑死后的一百多年的时间里，人们对拿破仑的死因仍在进行研究，而且结论有所不同。也许在世人看来，拿破仑这位继亚历山大大帝、恺撒以及成吉思汗之后最伟大的皇帝一定也是死得轰轰烈烈，因而对拿破仑死于胃癌一说心存疑虑。因此，拿破仑的死因，迄今仍是历史悬案。

石达开的"乞降信"究竟想要交给谁

　　太平天国运动是我国近代史上规模最大的一次农民起义，它的结局悲壮而震撼人心。其中，太平军最杰出的领袖人物石达开在四川西部的大渡河兵败折戟，令人扼腕叹息。

　　英勇善战、用兵如神的翼王石达开，为何被一条河流阻挡而兵败如山、全师俱损？这其中有着什么鲜为人知的秘密呢？据史料记载，石达开在大渡河畔给清军写过一封信，是乞降吗？还是另有隐情？如果乞降，是向谁乞降呢？

　　石达开率领军队左冲右突，未能血战脱险。在无可奈何的情况下，石达开命军师曹伟人给清军写了一封信。信中说："窃思求荣而事二主，忠臣不为；舍命以全三军，义士必作。"（《太平天国文书汇编》）请求清军赦免他的部下。他把信写成后，用箭射入驻守在大渡河对岸的清朝四川重庆镇总兵唐友耕的军营中。关于这封信的收信人，有人说是重庆镇总兵唐友耕，有人说是四川总督骆秉章。正因为这两种说法各有凭据，成为一大疑案。

　　1908年，唐友耕的儿子唐鸿学为其父所编《唐公年谱》印刷出版。年谱中附录了石达开的信，介绍说这封信是石达开写给唐友耕的，也就是说石达开是向唐友耕乞降的。

关于石达开写信给唐友耕的事，《纪石达开被擒就死事》一文记载特别详细。文中说，石达开在"四月二十三日，以书射达北岸唐友耕营"，"唐得书，不敢奏亦不敢报。石军不得复"。根据这种说法，唐友耕收到石达开的信后，隐匿不报，也没有回复石达开。蹊跷的是，1935年，四川泸定西沙河坝农民高某在紫打地偶然发现了石达开的函稿三通。其中一通在《农报》上发表，标题《致四川总督骆秉章书》，收信人是骆秉章，而不是唐友耕。

1937年，萧一山在写《翼王石达开致清重庆镇总兵唐友耕真柬伪书跋》时，认为《农报》发表的《致四川总督骆秉章书》是错误的。他说，他在成都黄某家中曾亲见致唐友耕"真柬伪书"一通，是用翼王所遗之柬帖转抄的。萧一山认为《唐公年谱》附录的石达开信函是可靠的，该信的确是石达开写给唐友耕的。《广东文物》按照萧一山的说法，有《石达开致唐友耕书》。《中国近代史资料丛刊》中《太平天国》所辑此信据《广东文物》排印，因此唐友耕为收信人的说法流传较广。但是，简又文先生认为紫打地农民高某发现的"三遣函，其致王千户与致唐友耕两通……可以为真品"，因此，他的说法与萧一山不同，但认为石达开写信给唐友耕是可靠的，"致唐函更见之《唐公年谱》，尤为可

129

信"（《太平天国全史》中册）。罗尔纲先生对石达开写信给唐友耕这件事十分怀疑。他认为是唐鸿学将原收信人骆秉章盗改为唐友耕，他的意图是要为父亲脸上贴金。

石达开信中说："惟是阁下为清大臣，肩蜀巨任，志果推诚纳众，心实以信服人，不蓄诈虞，能依清约，即冀飞缄先复，并望贲驾遥临，以便调停，庶免贻误，否则阁下迟行有待，我军久驻无粮……"（《太平天国文书汇编》）罗尔纲指出，石达开信中"肩蜀巨任"的话，应该是对身为四川总督、担负四川全省重任的骆秉章说的，而不是对只管重庆一镇绿营兵的唐友耕说的。太平天国己未九年，李永和、蓝大顺在云南昭通府起义。当时唐友耕为起义军中的一个小头目，后来降清。以唐友耕的身份和地位，石达开是不会写信向他请求赦免三军将士的，更何况唐友耕也没有这么大的权力。唐鸿学知此破绽，故将"肩蜀巨任"改为"当得巨任"。石达开对唐友耕的来龙去脉一清二楚，在信中怎么会称唐友耕为清朝大臣呢？石达开说"并望贲驾遥临"，显然是对远在成都的四川总督骆秉章说的，而不是对隔河相望的唐友耕说的。唐鸿学将原信改为"拜望台驾近临"。石达开信中还有"阁下如能依书附奏清主"的话，但是，当时总兵是不能直接向皇帝上奏的。以上种种破绽，可以证明此信是写给骆秉章的。1945 年，都履和根据李左泉《石达开江被困记》整理修而成《翼王石达开江被困死难纪实》，其中附录有石达开的信。李左泉的文章是根据土千户王应元幕僚许亮儒遗著《擒石野史》笔记润色重编的，来源可靠。罗尔纲认为，《农报》所载高某发现的抄本和《翼王石达开江被困死难纪实》附录的石达开信函是真实的，是没有经过唐鸿学篡改的。石达开这封信的收信人应是骆秉章而不是唐友耕。

总之，迄今为止，石达开到底将信写给了谁仍旧只是推测，也是一个难解之谜。

李秀成是否写了投降书

"忠王"李秀成，太平天国后期重要的领导人之一，也是太平天国人物评价上争议最大的人物之一。1864年7月23日，天京陷落，李秀成护幼主突围出走时被俘。28日，曾国藩自安庆到金陵（今南京），令李秀成书写供词。在其后的9天中，李秀成于狱中写出了5万余字的"供状"，即后人所说的《李秀成自述》。文中叙述了天平天国起义始末，总结出"天朝十误"和"防鬼反为先"的经验教训。同时由于他对曾国藩抱有幻想，还

提出所谓"招降十要"，为后人所讥评。8 月 7 日，他写完供词，即在南京被杀害，年仅 41 岁。

李秀成投降书的原稿在后世一直不为外界所知。当时李秀成被害后，曾国藩命人将他的《自述》删改、誊抄了一份上报军机处，这份誊抄的文本后来由九如堂刊刻，即所谓的《九如堂本》。至于原稿的去处，世传曾国藩既没有上交朝

忠王李秀成

廷，也不肯公开示人，而是私下扣留，他的后人也对此讳莫如深，严加保管，对外人一概保密。1963 年曾国藩之曾孙曾约农在台湾世界书局把李秀成自述原稿影印本公布于世，题为《李秀成亲供手迹》，内容较刻木多 9 千多字，计 74 页，33300 多字，全书没有结尾，到 74 页后就缺失了。这篇《自述》使李秀成成了一个晚节不保的叛徒，给自己从前十余年无所畏惧的征战历程抹了很大的污点。一个时期，很多人对李秀成进行口诛笔伐。但是很多学者对李秀成投降书的真伪问题提出了质疑，认为这个由清政府宣布的投降书是非常有争议的，而以此书来断言李秀成是晚节不保的叛徒，这显然有失公允。

李秀成真的是叛徒吗？李秀成的投降书是真的吗？有人从根

本上否定了这个投降书的真实性。如吟唎（李秀成的一个英国朋友）的《太平天国革命亲历记》一文说："1852年，在太平军占领南京以前，满清官方即已捏造一篇他们名为《天德供状》的文件，伪托是叛军领袖的供状，谎称他们俘获了这个领袖。《忠王自述》很可能也是同样靠不住的。这篇文件或为某个著名的俘虏所伪造（他可能因此而得赦免），或为两江总督曾国藩的狡猾幕僚所伪造。"

曾国藩

1944年，广西通志馆的吕集义来到湖南湘乡曾国藩的老家，在百般请求下终于在曾家的藏书楼中阅读到了"投降书"的原稿，抄补了5000多字，还拍摄了14幅照片，之后根据这些文字和原来"九如堂本"的2.7万多字出版了《忠王李秀成自述原稿校补本》。罗尔纲先生根据吕氏的校补本和照片进行研究，写出了《忠王李秀成自述原稿笺证》。该书以笔迹、语汇、用词、语气、内容等多方面的鉴定作为依据，指出曾国藩后人出示的李秀成《自述》的确是忠王的亲笔。例如，罗尔纲先生的一字一句、一笔一画地拿"原稿"和庞际云收藏的李秀成亲笔答词28字真迹对照，还征求了笔迹鉴定专家的意见，最后断定"原稿"是真品。从内容看，"原稿"身份清楚地描述了从金田起义到天

京陷落 14 年间的每个过程和细节，这是曾国藩难以捏造的。此外，罗尔纲还指出，"原稿"的称谓大都遵循太平天国的制度，这也不是旁人能够清楚知道的，曾国藩等人也不可能做到自然地遵守。而"原稿"中出现大量李秀成家乡方言，更是曾国藩等人无法伪造的。根据这些情况，我们可以得出结论，太平天国的"忠王"李秀成确实是写了供状的，但是据此认为李贪生怕死，晚节不保，愧为英雄，也愧对太平天国，这个结论未免下得太早。

因为第一，我们并没有看见"供状"的原版，也没有当时所处环境被俘后的情况记载，不能将其简单的等同于投降书。李秀成是一个有文化的人，在临死以前，面临太平天国的悲惨结局，也许他觉得心中有话，不得不说。

第二，根据他一向忠勇、智谋过人的表现，李秀成的"乞降"，或许是和《三国演义》中姜维诈降一样的目的——相机行事，以求东山再起。此时洪秀全的儿子，16 岁的幼主已经突围出去，李秀成很清楚地知道这一点，可是在他的供状中却故意说："十六岁幼童，自幼至长，并未奇（骑）过马，又未受过惊慌，九帅四方兵追，定然遇害矣。"蓄意隐瞒幼天王突围成功的真相。此外，李秀成还隐瞒了太平天国其他主力的动向，隐瞒了天京城内还藏有大量太平天国的金银财宝的事实。如果李秀成是真心投降，完全可以出卖这些信息以邀功，但是他却没有这么干。

1864年的苏州忠王府（英国铜版画）

第三，李秀成被捕后，曾国荃因痛恨他坚守天京，久攻不下，就命人用铁锥狠命遍刺李秀成的全身，又叫刽子手用刀来割他，李秀成血流如注，但"殊不动"；在就义的那一天，他知道自己将赴刑场，但仍然"无戚容"、"谈笑自若"。既然连酷刑的煎熬都不怕，"忠王"恐怕也不会因贪生怕死而投降的。

第四，曾国藩的湘军攻陷了天京后，力量变得空前的强大。而清朝的"中央军"已经被证明是不堪一击的。以曾国藩当时的力量，是完全有可能推翻清王朝，自立为皇帝的。如此可以推测，李秀成也是有可能设计出一个深谋远虑的计划，先劝说曾国藩自立皇帝，然后再伺机恢复太平天国的事业。曾国藩后人的口碑旁证了李秀成被捕后，确实曾劝曾国藩推翻清王朝，自己做皇

帝。要知道，功高盖主本来就是件极具威胁的事，对于曾国藩这种一生谨慎从事、深谙为官之道的老臣，当然知道李秀成此举将陷他于不义。所以，曾国藩要将《李秀成自述》第 74 页以后的内容毁掉，以免朝廷疑心。并且不待朝廷定罪，就急急地将李秀成斩首，以免他被押送进京以后，在皇帝面前说出什么对曾家不利的话。

太平天国是我国近代史上规模最大一次的农民起义，沉重打击了清朝政府的力量，清政府镇压了这次起义之后，元气大伤，为后来革命成功奠定了基础。农民领袖宁死不屈，敢于斗争的精神鼓舞了中国人民。毛主席在人民英雄纪念碑上的题词中写道："由此上溯一千七百年，从太平天国时期，为了人民的解放事业而英勇奋斗的人民英雄，永垂不朽。""忠王"李秀成作为太平天国后期的重要领导人，他的功绩任后人评说，他的光芒也无法掩盖，不可磨灭。

林肯被刺的背后隐秘

1865 年 4 月 14 日晚上，林肯总统邀请了格兰特将军和夫人一同去福特剧院看歌剧。精彩的演出吸引了人们的注意力，林肯的警卫和其他人都没有注意到有一个人悄悄地进入了总统的包厢，枪声惊动了所有人，林肯总统后脑中弹，虽然医生全力抢救，但仍是回天乏术，4 月 15 日清晨 7 点 22 分，林肯总统命赴黄泉。

美国总统林肯画像

人们不禁要问，凶手怎么可能在戒备森严的情况下溜进包厢？据说凶手曾经不止一次地对人说过，有朝一日一定要杀死林肯，这样不但一下子除去了这个新执政者，而且干掉总统会使自己出名。他刺杀总统的原因真的如此简单吗？当然这只是官方的调查结果，官员是这样向民众解释的。但很多人都不相信这种说法，他们认为刺杀总统案是一个大阴谋，有着不可告人的内情。

137

人们希望弄清这些问题，可直接犯罪嫌疑人已被击毙，只好通过其他途径来了解事实。

1860 年 11 月，亚伯拉罕·林肯成功当选为美国第 16 任总统。在任期内，他提出了"废奴"主张。南方诸州因不满选举结果和其废奴政策，在其上台不到 3 个月时间里，先后有 11 个州退出联邦，组成新美国政府，推举出新的总统和副总统，并制定了新宪法。南方奴隶主分裂了联邦，开始公开叛乱。1863 年 4 月 12 日，萨姆特要塞一声炮响，南北战争拉开帷幕。1864 年元旦，林肯签署了"联邦成立以来美国历史上最重要的文件"——《解放奴隶宣言》。此举赢得了全国人民与资产阶级左派的支持，并因此扭转了战争局势。

战争爆发 2 年后，美国内战终以北方的胜利而告终。就在战争结束后的第 5 天，林肯在福特剧院被刺。凶手枪击林肯后，慌乱中翻越包厢逃跑，碰伤了自己的脚，警察找到了他，直接开枪将其击毙。据调查，此人名叫约翰·威尔克斯·布思——职业演员、南方政权的狂热支持者。

据林肯总统身边的人说，在去陆军部的路途中，林肯忽然有一种不祥的预感，他停下车犹豫起来，是不是应该返回家中，但最终还是放弃了这个念头。为了自身的安全考虑，他亲自要求作战部长斯特顿派一个名为埃克特的陆军上校来做自己的保卫，但斯特顿告诉总统，埃克特早已在当晚安排了任务，后来只委派一名叫布莱恩的军官作为总统当晚身边的警卫官。而事实上，埃克特那晚根本就没有执行什么任务，他在家里呆了一晚上，作战部长为什么要说谎？后来派去顶替埃克特的布莱恩，一向行为不轨，认识他的人对他都没什么好印象，点名要他保卫林肯，其中是不是藏着什么玄机？至于对凶手的追捕，抓活口也不是不可能的，可最终却把唯一的直接参与者击毙了，是谁开枪打死他的？又是谁下的命令要求直接杀死凶手不留活口呢？更令人奇怪的是，在后来的凶手缉拿报告中，人们惊奇地发现上面居然写着：凶手系自杀身亡。

　　一般认为林肯遇刺的原因是他的政策对南方不利，激怒了南方叛党，而且他在南北战争中，领导北方打败南方，南方叛乱分子对他恨之入骨，必欲除之而后快。其实，早在 1861 年 3 月 4 日，林肯从家乡前往华盛顿，宣誓就任美国第 16 任总统的时候，美国南方联邦所派的特务便计划在路上刺杀他。林肯事先得到风声，从另外一条路来到华盛顿，避免了暗杀。林肯就任后，南方叛党开始进行更为频繁的谋杀行动，一心想将林肯置于死地。甚至有人在报纸上刊登了充当"人体炸弹"的广告：我愿意前往华盛顿击毙林肯，只要邦联政府（即南部邦联，美国南北战争时期，脱离联邦的南方 11 个州所组成的政府）出资 100 元作为我

的酬劳。由于经常发生恐吓事件，林肯周围的人非常担心他的安全问题，他们经常提醒林肯要小心。面对这一切，林肯表现得镇定自若，他用两个大纸袋把恐怖分子寄来的恐吓信都装在里面，并在纸袋外面写了"暗杀"两个大字。

林肯遇刺(油画)

1926 年，林肯的儿子罗伯特·托德·林肯离开人世，他去世之前，把父亲的一些私人文件付之一炬。他告诉朋友，他要把那些文件毁掉的原因是这些文件里有内阁成员犯有叛国罪的证据。现在人们已无法得知他所说的情况是否属实。如果是真的，罗伯特为什么要将这些证据焚毁呢？为什么不向世人公开呢？这成为林肯之死的谜中之谜。

据说，林肯死前预感到自己要死，并且在自己最亲近人的集会上讲了自己的预感。4 月的一个晚上，林肯做了一个噩梦，说的是他走在白宫走廊上，听到许多人都在伤心地哭泣，他于是走出自己的房间，经过一间又一间，最后来到一个房间里，看见房间正中摆着一副担架，担架上有一具尸体，周围站满了泣不成声的人。他就问一个士兵谁死了，士兵回答说，总统被暗杀了！林肯醒来把这件事告诉了太太，第二天又讲给亲近的人听，大家都十分不安。谁会想到没过几天后，林肯的预感变成了现实。

林肯是一个伟大的爱国者和政治家，在那场关系到国家生死存亡的南北战争中，是他领导美国人民取得了胜利，是他给黑奴带来了崭新的生活，却在即将来临和平时期的子弹下丧生了，他的死亡不得不引起人们的关注。

"笑面虎"武尔夫缘何投靠英国

人类像一个永恒的竞技场。在这里，正义与邪恶、民主与专制，真善美与假恶丑的不断较量，不断地推动人类社会向某一难以预测的方向前进。这个竞技场中的表演者无疑就是人本身。然而，由于不同的人的素质、背景和遭遇各不相同，他们表演的角色、水平也就仪态万千。

武尔夫，这位谍报史上的天才人物，无疑进行了极其精彩的表演。作为一名双重间谍，他一面为二战时的同盟国搜集最重要

的政治、军事情报，从而为正义战胜邪恶建立了不朽的功勋；另一方面，他又以虚假情报成功地欺骗了纳粹德国，以至于直到战争结束他们仍将他视为忠诚于纳粹的间谍。他的精彩表演已受到当代人的交口赞誉。问题在于，在德国情报部门颇受重用的武尔夫为何要投靠英国呢？

武尔夫·施密特，父亲是德国人，曾服务于德国空军，母亲是丹麦人。第一次世界大战开始时他被母亲从德国带回丹麦，住在丹德边境地区。武尔夫不仅是德国公民，而且已加入纳粹党。武尔夫是一个身材修长、金发碧眼的帅小子，富有才华。他非常喜欢希特勒的《我的奋斗》的哲学思想，是个地道的纳粹追随者。外表看去，非常讨人喜欢，而且具有彻底的负责精神和健全的神志。他是吕贝克大学法律系的学生，受纳粹所谓瓦格纳浪漫主义的影响，这个时期他就开始热衷于维护祖国的狂热行动。他乐于冒险的性格，使他自然成为德国秘密间谍人员的招募对象。

武尔夫·施密特后来被德国情报机构选中，主要在于他对丹麦的了解，在纳粹入侵丹麦时将具有不可估量的价值。施密特本来就能读写英文，也能说一点，但却带有明显的外国口音。他作为德国间谍被派往英国前，接受了全面的间谍技能训练。据说由于施密特悟性高、名声好，德国情报部门才确信他是派往英国的理想人物。

值得注意的一个问题是，英国军情五局和伦敦警察厅刑事部特别分部已打入了这个间谍网，而且正在操纵这个网中的一名间谍分子充当双重间谍。而德国阿布威组织却丝毫未发现。

1940 年 9 月 6 日晚，代号 3719 号间谍，被空投到当地，充当德国间谍。由于在降落时，他所携带的特制德律风根收发报机击昏了他的头，因此没能避开英国军事情报五处设下的警戒网。这位被德国一直视为敢作敢为智勇双全的卡罗里，一个多小时之后，就只想如何幸存下来，免遭处死。谈判后，交易达成了。卡罗里愿意同英方合作。为了把这笔交易敲定，他又提出：假如军情五处同意给他的一位同志同样的待遇，他将说出此人预定在最近几天内抵达英国的详细计划。

德国派往英国的 3725 号间谍的计划就这样被泄露了，这个新间谍就是武尔夫·施密特。

1940 年 9 月 19 日夜间，武尔夫·施密特登上一架德国军用飞机，朝英国飞去。他想着，几个星期之后，也许伦敦就成为第三帝国的领地了。当 3725 号跳出他的飞机向剑桥郡和哈福德郡交界地区伞降时，他还洋洋得意，完全不知道他正在坠向早已布好的天罗地网之中。3725 号间谍不知道，在他空降前夕，他已被出卖。英国军情五处的官员早已通知他降落地点的陆军和警察当局。一名陆军军官和一名下士已经在附近的一个谷仓那儿听到黑

暗中飞机飞近的声音。声音消失后，下士发现了一把降落伞消失在树丛中。军官和下士立即开始了跟踪。正当他们不紧不忙的观察时，国民军巡逻兵已捷足先登。要把这个德国人弄到军情五处，看来他们不得不立即插手，一旦一个间谍在公开场合被抓，就不再可能成为双重间谍，因为德国无论如何也能得到他被抓的消息。

武尔夫·施密特被捕后，审讯立即开始。他面前是两名陆军军官和哈罗德·迪尔登博士。迪尔登博士是一个侦探小说迷，他身着便服、衣衫褴褛，香烟灰沾得满身都是，一头蓬乱不堪的白发，看上去令人生畏。

结果，施密特很快招认了他到英国来的任务：获取各个造船中心的军舰修造所的情报。之后，他的主审官给了他致命的一击，告诉他：卡罗里已被捕，并且什么都说了。然而，施密特却宣称，他决不背叛他的国家。

英国军情五处专门设立了一个特别部门，这就是 BI（a），未来双重间谍运用体制的核心和胚胎。它是一次小心谨慎的实验，开创了反间谍活动和假情报艺术的新篇章。实质上，它等于是破获间谍与向敌人不断供应假情报的结合。马斯特曼将施密特视为他的双重间谍杰作。他赞誉说："他成了我们最可信赖的无线电谍报员之一，而且，作为谍报员，保持了长距离通讯记录，从

1940 年 10 月到 1945 年 5 月，他始终为我们从汉堡收报或发报。他的工作具有巨大的价值。最初是为了反间谍目的，后来是欺骗敌人。他帮助我们从德国人那里搞来了大笔金钱。直到末了，他仍被德国人视为间谍中的'明珠'。"

抛开施密特的间谍才干不谈，令后人难以理解的是，如果施密特真的像人们所曾猜想的那样，是因为害怕被绞死才被英国军情五处 BI（a）部门招降，为什么他在后来获得离开英国的机会以后还要如此忠实地向英国发送情报，为什么在做着出卖祖国的事情的同时，宣称自己决不背叛祖国，这一切都违背常理，不可理解。

几年之后的施密特在讲述着他受审讯的感受，这样说："当我被带到那里审问时，我被这位穿便服的奇怪老人强烈地吸引住了。他正在翻一本杂志，我走进来时，他只瞥了我一眼就又继续翻看着杂志。我简直不能将我的眼睛从他身上移开。"他所指的"奇怪老人"就是迪尔登博士，并且回忆说他的审讯者们对他"一切都非常文明、友好，常常拿我开玩笑。"

光阴似箭，岁月如梭。施密特的故事已成往事，虽然他在二战中为英国做出不小的贡献，成为英国军情五处 BI（a）部门最得力的一名双面间谍，但是人们还是对他归顺的事情津津乐道，至于为何归顺，恐怕不会只是审讯时"奇怪老人"对他的友好

吧？这个谜底恐怕只有施密特本人才说得清了。

"博士间谍"佐尔格身份之谜

举止高雅，气度雍容的理查德·佐尔格是二战中最富有传奇色彩的人物。谁也不会想到，这位毕业于柏林大学和基尔大学（建于 1665 年）的博士，竟然是莫斯科的地下间谍。他有两条准确判断已经作为了谍报活动的典范，一是德国要发动对苏战争，二是日本不会在西伯利亚采取行动。他的信条是：不撬保险柜，但文件却主动送上门来；不持枪闯入密室，但门却自动为他打开。

二战期间，佐尔格一直秘密为莫斯科工作，而他的间谍身份，隐蔽得如此之深，以至真相暴露之后，还有很多人不相信他竟然会是间谍。事情的经过是这样的：1941 年 11 月 23 日，星期四清晨五点钟，德国驻东京大使尤金·奥特少将向柏林发出绝密电报通知外事局：德国《法兰克福日报》驻东京特派记者理查德·佐尔格和另一名德国人马克斯·克劳森被捕。两人因"叛国通敌"罪被日本警察局拘留已经 6 天了。电文说："经再三追问，日本外务省才答复说，怀疑佐尔格和克劳森通过日本中间人与第三者勾结。我虽已提出要知道目前的审讯结果以便通报德国，但由于调查还在进行中，一时无从了解。"这个消息后由日本外务省证实。

消息传到德国大使馆，上下哗然，人心忐忑。

理查德·佐尔格博士是驻东京

佐尔格

的德国人中有声望、有影响的人物。他曾在上海为几家德国报纸工作过，以中国通著名。1933年9月他到达东京，持有德国高级外交官分别写给东京使馆和日本外务省的介绍信。欧洲人生活在一个亚洲国家，总感到周围环境闭塞而压抑，他们对这位新来的人很快便产生了好感。佐尔格熟悉中国事务，深受使馆人员的欢迎。第一次世界大战期间，他曾在某步兵团中服役，荣膺二级铁十字勋章。因此，大使和武官对他都另眼看待。他是《法兰克福日报》记者，论资历、阅历都当之无愧，再加上他那兢兢业业的工作作风，深受同行们的尊敬。

佐尔格在东京这个世界里算得上是个人物。尽管他像波希米亚人那样爱出风头、自大、偏执，酒后尤为突出，这使一些德国

147

同胞有些反感，但总的说来，人们认为他是个严肃而有天才的人，具有一种天生的魅力，令人青睐，特别讨女人喜欢。

佐尔格经常摆出一副局外人的极端主义的姿态，人们认为这是参加过第一次世界大战的标准德国退伍军人的表现。1934年，佐尔格到日本后不久便参加了纳粹党海外支部，3年后又成为纳粹新闻协会会员。

这样一位杰出的记者被捕的消息一经传开，东京的德国各界人士莫不目瞪口呆，简直不敢置信。他的德国记者同行们立即联名写信给大使，一致表示支持佐尔格，怀疑对他提出的指控。他们往监狱给他送东西，并要求去探望他。

奥特将军跟在东京的其他德国人一样，无论如何也接受不了日本官方直言不讳的说法，认为佐尔格绝不会有叛国的嫌疑。奥特从1934年担任驻东京武官时起就与佐尔格认识。佐尔格是大使馆的常客，也是奥特的亲信之一。他俩经常对弈，在使馆院子里共用早点，同去日本乡村旅行。

欧战爆发以来，佐尔格受大使馆聘用，负责编新闻简报。因而他在使馆内设有办公室，在那里阅读柏林发来的官方电讯稿。佐尔格的见解和情报来源使奥特大使很满意，并定期与其顾问们进行讨论。大使把他看作私人朋友、最可信赖的同胞。身为卓有成就的新闻记者，又是立过汗马功劳的退伍军人，佐尔格与陆海军武官打得火热、交往很深，他们常在一起交换情报资料，就技术问题交换意见。

像这样一位有声望．交游甚广的人似乎不可能是当前被指控的主犯。奥特将军听说佐尔格被捕，立即认为他们是日本上层人物反德阴谋的牺牲品。奥特在电文中说："使馆人员和当地德国人普遍认为日本警方怀疑错人了。据我了解，佐尔格与一名近卫公爵集团的情报员保持联系。"当时，近卫集团刚倒阁不久。而1941年10月，正是决定远东地区是和平还是战争的日美谈判进入关键性阶段的时刻。因此奥特在电文中接着说："关于谈判进展的情况，据说属于国家机密，已落入佐尔格手中，因而佐尔格可能成为某种政治报复或政治阴谋的牺牲品，我们不能排除控告佐尔格一案背后存在着反德势力的可能性。当前东条英机兼内相，掌管警察。我已向东条首相提出要求，尽快了结此事。"

德国外事局比较审慎，在收到东京发来的电报后首先去试探日本驻柏林大使小岛将军。他是东条首相的知己，曾代表日方促成德日友好军事同盟。"这纯粹是司法部门和警察的事，"小岛以公事公办的态度回答说，"根据日本惯例，他们不受任何政治势力的影响。很自然，从外交政策观点来看，佐尔格的被捕并不是什么了不起的事。相反，如果没有确切的理由怀疑他，警察是决不会决定逮捕他的。"

149

经过再三询问，小岛才含糊其辞地透露：很可能佐尔格被控告支持了国际共产主义的运动。"这根本不可能。"奥特大使和使馆工作人员一致怀疑对佐尔格的指控，一位曾在东京任过职，很了解佐尔格的官员说，"在他身上根本看不出有什么共产主义倾向。"

德国人对此事十分关心，认为在这微妙的时刻，决不能让这一事件危害德日军事、政治和经济全面合作关系。

几天后，日本检察署根据对案件的初步调查结果向德国使馆提交了一份简短的照会，其内容由奥特将军电告柏林。照会说："经我方调查核实，佐尔格本人已供认，长期以来他一直在为共产国际工作。有关案件的进一步调查正在着手进行。"

听到这骇人听闻的消息，德国人愕然，整个德国都感到震惊。到底佐尔格是不是间谍，如果是，他在自己的职业生涯中是怎样做到如此深不可测的？如果不是，他为什么要招认，到底是掩人耳目还是受了指示，我们就不得而知了。

日本警察局对佐尔格进行法西斯式的审讯。佐尔格遭到了残酷的折磨

佐尔格纪念邮票

和严刑拷打。1944 年 11 月 7 日他以叛国罪被秘密处死，终年49 岁。

战后，美国接管日本时为揭开佐尔格之谜，而掀起了一股运动，其中还涉及史沫莱特等人。

沉默了 20 年后，1964 年莫斯科当局公开了佐尔格的秘密，并于佐尔格逝世的忌日追认他为苏联的最高英雄。苏联报刊发表了许多文章，颂扬他在第二次世界大战作出的贡献。莫斯科一条大街、苏联的一艘油轮分别以佐尔格的名字命名。1965 年春，苏联为纪念佐尔格发行了一枚面值为 4 戈比的纪念邮票。邮票的红色背景衬托着一枚苏联英雄勋章和佐尔格的肖像。佐尔格的间谍身份之谜，有待进一步查实。

"死亡天使"是否溺水而死

约瑟夫·门格尔，在纳粹集中营担任医生职务，有"死亡天使"、"死神医生"、"屠夫"等称号。1911 年 3 月 16 日生于德国巴伐利亚州金茨堡一个富有的企业主家庭，拥有双博士头衔。二战爆发后，门格尔作为一名党卫军军医，参加了对波兰、法国和

苏联的侵略战争。1943 年 5 月，他志愿到奥斯维辛集中营服役。在众多纳粹集中营医生中，无疑是知名度最高的一个。他的第一条罪状是"挑选"，即从集中营的囚犯中，挑选出不适合劳动的人进毒气室消灭。第二条罪状是亲手杀害患病或接受其手术的女囚。门格尔最感兴趣的科研活动是进行孪生子女的研究，其目的是发现一种简洁的方法，使德国妇女普遍生出双胞胎或多胞胎。为此，他对成百上千个孪生子女进行了系统研究。

1945 年 1 月，就在苏军坦克冲进奥斯维辛集中营的前 10 天，自知罪大恶极的门格尔带着其波兰情妇维尔玛仓皇出逃。门格尔后来逃往南美，辗转于阿根廷、巴拉圭和巴西等地。国际社会抓捕门格尔的努力整整进行了 35 年，但他还是安全地以各种化名过着隐居生活。直到 1979 年 1 月 24 日，传说他在巴西

纳粹"死亡天使"门格尔

游泳时溺水身亡。那么，"死亡天使"是否真的溺水而死，在逃亡的这段时间他又做了些什么？

据报道，位于巴西最南部的坎迪多·戈多伊原本是个不知名的小镇，令人惊奇的是，自 20 世纪 60 年代初以来，镇上双胞胎

出生率呈节节攀升之势，最高峰时期甚至达到每 5 名新生儿即有一对双胞胎，其中大部分金发碧眼。虽然双胞胎的出生率在世界各地并不相同，不过正常情况是每 80 名新生儿中仅有一例。坎迪多·戈多伊由此获得"双胞胎镇"的称号，镇上甚至还建有一个名为"双胞胎之家"的博物馆。多年来，科学家们一直试图解开这个不解之谜，皆无功而返。乔治·卡马拉萨在对坎迪多·戈多伊镇进行了多年的明察暗访后，在其新书《门格尔："死亡天使"在南美》中得出惊人论断，打造这个"双胞胎镇"的始作俑者竟是纳粹"死亡天使"约瑟夫·门格尔！

20 世纪 60 年代初，一名自称来自德国的"兽医"常在当地走村串户，为母牛和妇女施行当时颇为罕见的人工授精手术。卡马拉萨认定，这名神秘"兽医"正是潜逃多年的纳粹军医门格尔，后者为了培育所谓的雅利安"优等人种"，先后进行了包括孪生子在内的众多臭名昭著的人体实验。

《门格尔："死亡天使"在南美》一书中披露，流亡阿根廷期间，门格尔一度假扮成兽医，专门帮助当地养殖户增加牲畜数量。1960 年 5 月，前纳粹党卫军头目、犹太人大屠杀中执行"最终方案"的主要负责人，阿道夫·艾希曼被以色列特工从阿根廷绑架之后，门格尔如惊弓之鸟，仓皇逃到了巴拉圭的科罗尼亚斯·尤尼达斯地区。1963 年，他又从那里经常穿越边境线，进入

巴西境内的坎迪多·戈多伊镇，那里居住着众多德国裔居民。值得注意的是，打那以后，小镇的双胞胎出生率便一路飙升。卡马拉萨在新书中指出："坎迪多·戈多伊镇很可能是门格尔的一个（基因）'实验室'，在那儿，他终于有能力实现其未竟的梦想——打造金发碧眼的纯雅利安'优等人种'"多名坎迪多·戈多伊镇居民在接受卡马拉萨采访时表示，这名文质彬彬的德国人当年颇受欢迎。农夫阿洛伊希·芬克勒称："他告诉我们他是名兽医。他询问了我们关于家畜疾病的问题之后，告诉我不用担心，他能治好它们。他看上去谈吐不凡，颇有教养。"另一位农夫莱奥纳多·波夫勒称："他奔走于各家农场检查牲畜。如果被查出肺结核，他就会为它们注射。他还说他能够为母牛和人进行人工授精。在那个年代，这几乎闻所未闻。"

卡马拉萨相信，门格尔晚年成功实现了其培育"优等人种"的疯狂梦想，而这一切犹如好莱坞影片《纳粹狂种》的真实版。该片讲述的是，一名纳粹军官战后藏身于南美洲，他野心勃勃地希望以科学方法进行人种试验，以便东山再起，使纳粹党重振雄风。卡马拉萨称："没有人知道门格尔抵达坎迪多·戈多伊镇的确切时间，可是镇上第一对双胞胎出生是在 1963 年。正是这一年，我们第一次获悉关于门格尔行踪的报道。"当 1979 年 1 月 24 日，传说他在巴西游泳时溺水身亡，这一次是否又是欲盖弥彰呢？"死亡天使"是否真的溺水而死？目前没有人知道这位罪孽深重的双博士的下落。

"间谍王子"菲尔比是否坚信共产主义

哈罗德·金·菲尔比是世界间谍史上最著名、最成功的间谍之一。他本人是英国人，早期就信仰共产主义，1934 年在维也纳进入苏联情报机关成为情报员。1940 年，他打入了英国秘密情报局，在该局步步高升，最终成为英国情报机关的一名高级要员。他利用职务上的便利，为苏联提供了大量重要情报，成绩卓著。1963 年，他由于身份暴露出逃苏联。为表彰他的事迹，苏联政府给他很高荣誉，授予他"红旗勋章"。

"间谍王子"哈罗德·金·菲尔比

155

对于一个出身印度，接受英国高等教育的青年为什么义无反顾地投身国际共产主义事业，人们一直十分好奇。让我们看看菲

尔比的成长经历，也许可以从中找到问题的答案。

1912 年 1 月 1 日，哈罗德·金·菲尔比出生在印度安巴拉。1929 年，菲尔比以优异的成绩进入剑桥大学三一学院学习，在这里开始了他思想上的重大转变。他对政治具有浓厚的兴趣，进校后，他加入剑桥大学社会主义者学会。这个学会致力于揭露资本主义的腐朽，警告人们法西斯主义正在兴起。他接触到批评工党的大量左翼思想，特别是共产主义的思想。除了博览群书和不断地评价欧洲关于社会主义的经典著作外，他还参加学会举行的生动活泼、气氛热烈的讨论。到 1933 年夏菲尔比拿到大学学位离开剑桥时，他同时确立了要把他的生命贡献给共产主义的信念。

当时，奥地利维也纳的工人革命运动蓬勃兴起，菲尔比欣然只身前往。在维也纳，菲尔比与苏联情报机关的成员发生了联系并加入了该组织。在苏联人向他提出加入情报机构的建议后，他毫不犹豫地就接受了，在他看来，"人人都会不假思索同意加入一支精明强干的队伍"。从此，他就为这个强大的共产党国家而尽力工作。

由此可见，早年的求学经历在他的思想上打下深深的烙印，他越是投身共产主义事业，为苏联情报机关工作，就越是感受到这份事业庄严的召唤，他认为这值得自己为之努力，甘冒生命危险。

西班牙战争爆发后，他接到一个任务：到西班牙法西斯占领区去，尽可能在接近要害的地方潜伏下来，全面搜集有关法西斯战争准备的第一手资料。他总是将从苏联那里得到的指示用密码写在一小张纸片上，并习惯地把它放在裤子的小兜里。为作紧急联系之用，在向他交代任务时，苏联人给了他一份密码和一些在西班牙的秘密通讯地址。在西班牙时，他的口袋里就有着这么一张小纸片。正是这张小纸片差点把他带到行刑队面前。

有一天，菲尔比在科尔多瓦看星期天的斗牛表演。菲尔比到塞维尔军事司令部去办理必要的通行手续。一位态度友好的少校说："去科尔多瓦不需要通行证，自己坐火车去就行了。"菲尔比相信了他。星期五，他登上了从塞维尔到科尔多瓦的早班火车，深夜才回到旅馆睡觉。一阵雷鸣般的砸门声把他从沉睡中惊醒。门打开后，两个国民警卫队员闯了进来，要他收拾好东西和他们一起去指挥部一趟。当他问为什么时，其中年纪较大的那位下士只是面无表情地回答说："这是命令！"在这种半醒半惊的状态中，他意识到必须处理掉藏在他裤子口袋里的那块小纸片，但是怎样才能做到呢？

他的脑子模模糊糊地想到洗澡间，但是他住的房间没有洗澡间。当他穿衣服、收拾东西时，那两个国民警卫队员紧紧地盯着他的一举一动。押送他的人显然训练有素，他们简直像鹰一样，

157

一路上寸步不离地紧紧盯着他。直到他被带到一间办公室时，那块可以置他于死地的小纸片还在他身上。

办公室里有一盏不带灯罩的耀眼的吊灯，下面放着一张很光滑的大桌子。他对面站着的是一个身材矮小年迈秃顶、面带愠色的国民警卫队少校，他盯着桌子，漫不经心地听着带菲尔比进来的那个下士的报告。

少校终于要检查他的通行证了。"是谁批准你来科尔多瓦的。"他问道。菲尔比重复了塞维尔军事司令部的人告诉他的话，但少校根本不理。他断然地说这不可能，人人都知道到科尔多瓦来必须有通行证。紧接着就是一场咄咄逼人的问话：你来科尔多瓦干什么？是来看斗牛？票在哪里？还没买到？是刚刚到达的？准备早晨就去买？如此等等。

随着每一句显示充满怀疑的质问，菲尔比愈来愈不安地感觉到那个正在审问他的人是个死硬的仇英分子。当时，西班牙战线的两方都有许多这种人。但到这时，他的大脑已能进行正常思维了，他在那张闪亮的大桌面上看到了一线生机。

少校和那两个逮捕他的人带着根本不信任的神情转向他的箱子。他们戴上手套，以令人惊异的精细动作一道道地打开箱子，用手仔细地搜索每一件东西并拿到灯光下去检查。在他要换洗的内衣里没有找到可疑的东西，他们又接着检查箱子本身，小心翼翼地敲打，并且里里外外量它的尺寸。在证明没有什么可疑后，他们失望地叹了一口气。

"喂，"少校粗鲁地说，"你身上呢？"

他让菲尔比把口袋翻出来。他不能再迟疑了。他先把钱包拿出来，向那张光滑的桌子上扔去，在脱手的最后一刻，他的手腕子一抖，使钱包旋转着滑到了桌子的尽头。正合他意，他们三个人像老鹰扑食一样向桌子那边的钱包冲去。乘三人的屁股朝着他时，他从裤子口袋里掏出那块小纸片，连嚼带咽地一下子就把它消灭了。

于是他轻轻松松地把口袋里剩下的东西部掏了出来。很幸运，那位少校再没有对他进行什么不正当的、严厉的盘查，只是干巴巴地给他讲了一通道理，说什么共产主义者正在控制着英国政府，并命令他在第二天离开科尔多瓦。

这是菲尔比早期从事情报活动的一次险遇。在以后的岁月中，他经常感到，其实真正的冒险行动并不总是带有最大的危险性，因为人们可以事先估计到那些实际存在的危险并采取了恰当的预防措施，以避免其出现。而像上面所写的这类几乎没有什么意思的小事却往往会置人于绝境。

1962 年苏联情报机关的高级人员乔治·布莱克被捕后，菲尔比才被确认为苏联情报人员。1963 年 1 月 23 日晚，菲尔比在贝

鲁特失踪。不久，苏联政府宣布获准菲尔比在莫斯科政治避难的要求。1965 年，苏联授予他最高荣誉勋章之一的"红旗勋章"。

"间谍王子"菲尔比所获得殊荣和经历的风险，足以写成一部厚厚的书。直至今日，人们对于他的理解也仅限于其谍报成就，对于他为什么义无反顾地投身国际共产主义事业，还是心存疑虑。是大学时期受社会主义者学会的影响，还是从小在心中埋下反殖民主义的种子？主人翁将答案带入另一个世界，留给我们无尽的遐想。

"冷面杀手"斯塔申斯基叛逃克格勃之谜

几个月来，人们在慕尼黑的大街上不时看到一个年轻的陌生人在晃来晃去，仿佛他不清楚自己该往何处去。他身材瘦削、肩膀斜削、胸膛扁平，但最惹人注目的还是他那双古怪的、闪烁不定的、显出焦虑不安神色的、几乎像一只受到惊吓的鸟的眼睛。

他叫博格丹·斯塔申斯基，乌克兰人，受雇于苏联情报部门，奉命监视流亡在联邦德国的那些被认为是敌视苏联的乌克兰人。博格丹·斯塔申斯基是个十分聪明伶俐的小伙子。1950 年夏

末，他因无票乘火车被抓，并被命
令去向利沃夫（乌克兰西南部的一
个州）的交通警察局报告。这一命
令足以吓坏甚至最勇敢的乌克兰
人，因为交通警察里设有一个苏联
国家安全队，即苏联国家安全部下
面的一个特务机构。这个特务机构
的西特尼柯夫斯基上尉接见了斯塔

"冷面杀手"斯塔申斯基

申斯基。这个上尉只字不提车票的事，而是不断地询问有关斯塔
申斯基的家庭和家乡的一切。坐在上尉面前，斯塔申斯基感到不
安，因为他不知道上尉究竟想怎么处理他。西特尼柯夫斯基上尉
警告这个年轻人说，他完全清楚他的家庭是卷入了"乌克兰民族
主义者组织"的。他还强调说，乌克兰人反对苏联的反抗是"毫
无意义的"，"他们肯定会被捉住，被逮捕，被惩处，被放逐"。

　　年轻的斯塔申斯基很快明白了这位上尉的用意：如果要想保
护他的家庭，他只有向苏联提供乌克兰地下运动名单的情报。作
为报酬，他的家庭成员将免遭逮捕。谈话后不久，斯塔申斯基就
在一份为国家安全部工作的书面声明上签了字，并发誓绝对保
密。他的化名叫"奥列格"。在以后的时间里，斯塔申斯基为了
执行他所接受的指示，他把家乡里所发生的一切事件都记了下

Jian Shi Xiao Tian Cai

来，并上报那位上尉。事实上，苏联人认为斯塔申斯基已具有成为一名优秀间谍所需要的素质。

1958年5月，斯塔申斯基被派往鹿特丹，奉命监视为1938年被谋杀的"乌克兰民族主义者组织"缔造者康诺瓦尔克上校所做的墓前追思礼拜。斯塔申斯基将所有出席这一仪式的人都拍了照，特别注意到一辆带有慕尼黑车牌的停在墓地外面的蓝色奥普·甲必丹汽车。他发现这就是礼拜式的主要演讲人斯捷藩·班德拉的车子。班德拉不仅是"乌克兰民族主义者组织"慕尼黑分部的领导人，而且是乌克兰抵抗运动领导人中干劲最大、最杰出的一个，与西方的联系也最密切。在克格勃拼命想干掉的乌克兰人黑名单中，班德拉名列前茅。关键的是：必须干得不露形迹，被看作是意外死亡。

美国和英国的特务机关都一度同班德拉有密切联系。英国当时相当器重班德拉，他成为当时移民中一个颇具声望的人。1959年，班德拉在慕尼黑被神秘地谋杀了。对于班德拉的死因，人们一直众说纷纭、莫衷一是。谋杀班德拉的凶手究竟是谁？是美国情报局或别的什么组织？

历史的谜团在克格勃的历史档案中找到了谜底。事实是，1958年末，克格勃头目塞尔盖向斯塔申斯基下达了干掉班德拉的命令。斯塔申斯基这位克格勃的杀手，他所杀害的斯捷藩·班德

拉，对许多乌克兰民族主义者而言，不论是乌克兰地区内的还是联邦德国和其他地方流亡者，都是一个严重的打击。在许多乌克兰人看来，班德拉是一位民族英雄，他就是他们的领袖。在日后，斯塔申斯基也因此饱受惩罚。

1961 年 8 月 12 日，由于受不了克格勃的压迫，斯塔申斯基和妻子英格逃往西柏林。1962 年 10 月 19 日，联邦德国司法当局以间谍罪和杀人罪判处斯塔申斯基监禁 8 年。法庭庭长还同时指出："本庭所宣布之判决，非意在毁灭被告，实为助其赎回罪过。"1968 年新年前夕，斯塔申斯基提前 4 年被释放。为了防止克格勃加害于斯塔申斯基，他被美国用一架军用飞机秘密带出德国，定居在美国。

斯塔申斯基作为一名知名的克格勃间谍，其经历对于我们研究苏联间谍机构的神秘工作有帮助，但是对于他后来叛逃苏联的行为，人们疑团累累。因为按照斯塔申斯基自己的说法，逃离是"由于受不了克格勃的压迫"，但是他明明知道以自己所犯之罪，在联邦德国逃不脱牢狱之灾，为什么还要逃到联邦德国？而且，斯塔申斯基夫妇是在克格勃的严密监视下，借口参加儿子的葬礼而伺机逃脱的。人们问：他们走后几小时，为什么要先去东柏林的法尔肯泽，而不直接坐出租车去西柏林？为什么这段时间克格勃竟没有发现他们失踪，或者发现了却没有去搜索？他们是否很

早就得到美国或其他什么情报机关的帮助？

蒋介石不杀张学良之谜

　　"九·一八事变"和"一二·九运动"发生后，中华民族面临日本的侵略，日益严重，而蒋介石一味推行"攘外必先安内"的内战政策，对共产党和工农武装、红色政权极力绞杀的同时，对于日本的侵略妥协退让，导致东三省沦于敌手。张学良一再劝说蒋介石联共抗日却遭到无理斥责，于是在 1937 年 12 月 12 日，与手下的将领杨虎城在西安扣留了蒋介石，发动了"西安事变"，又称"双十二事变"。事变发生后，中共方面派出周恩来、王若飞等积极参与解决问题，宋美龄、宋子文为了营救蒋介石，也飞赴西安谈判。经过多方斡旋，终于达成了建立抗日同盟的协定，拉开国共合作、中华民族抗日战争的帷幕。在这其

张学良

中，张学良起了重要作用，他的爱国热情得到中国共产党和全国人民的一致赞扬。西安谈判结束后，周恩来劝说张学良留在东北，但张为了确保蒋介石的安全，表达自己的一片忠心，执意亲送蒋介石回南京，结果一到南京就被蒋介石扣押并软禁起来，长达半个多世纪，直到蒋败退至台湾，张学良才在台湾稍获自由。

张学良是张作霖的儿子，东北三省统帅。张学良在其父被日本人炸死（1928年6月4日）后一星期，背负家仇国恨的他，毅然宣布"东北易帜"，服从南京国民政府。至此，国民党在形式上统一了全国，张学良以年少有为被称为"少帅"，深受蒋介石的信任和器重。

无论是何时，也无论在哪个朝代，扣押当政的最高领导人终是死罪；如果说在抗日战争、解放战争时期，蒋介石担心杀张会影响自己在军中声誉，影响在中华民族民众的支持，那么在退败逃到台湾之后，蒋介石有的是时间杀害张学良，那为什么蒋偏偏没有呢？蒋介石对张学良、杨虎城可谓恨之入骨，杨虎城就是被他杀害的，那么，在长达半个多世纪的监禁中，蒋是否也对张学良这位曾经的爱将起过杀心呢？答案是肯定的，这一点，蒋介石身边的侍从、美国公使，包括宋氏兄妹都是清楚的。究竟是什么原因阻止了蒋介石杀掉张学良？难道是念张当年率东三省归顺蒋介石之恩？以蒋介石忘恩负义、狡诈猜忌的性格，似乎不大可

能。难道是害怕舆论的谴责和中共的批判？张学良作为蒋介石手下将领，武装挟持统帅，逼蒋抗日，虽然他是出于一片赤诚之心，但是从蒋和国民党阵营看来，他罪不可赦，杀掉也是罪有应得，这一点，张学良自己也是很清楚的。况且，蒋介石已经翻脸杀害了杨虎城以及诸多参与"西安事变"的东北将领，即使再多添几条冤魂，也不怕众人谴责。

张学良晚年居住在美国夏威夷，1990 年，在接受日本 NHK 媒体采访时，他说道："我没死，关键是蒋夫人帮我。蒋先生是否要把我枪毙了，我不知道，这个情形我不知道，但是我看到一个东西我才知道（指美国公使写的东西），他写道，'宋（绝不是宋子文）对蒋先生说，你对那个小家伙（他们都叫我小家伙）要有不利的地方，我立刻走开台湾，我把你的事情都给你公布了'，这话很厉害。她还说：'西安事变，他不要金钱，他也不要地盘，他要的是牺牲'。"

宋张确实是至交好友，早在 1925 年，张学良打败孙传芳，到达上海，就见到了宋美龄。当时宋氏三姐妹都是知名的大家闺秀，而宋美龄尤其气质出众。张学良为这位佳人的魅力所倾倒，称赞她"绝顶聪明"，而宋也对爱国的青年将领张学良颇有好感，两人相谈甚欢，成为好友。1928 年，宋美龄与蒋介石结婚一年后的宴会，邀请张学良来做客。蒋介石见两人谈得很亲热，就问：

你们两人怎么认识的？张学良说，我们早就认识了，是好朋友。言语之间，颇有几分得意。而且，在"西安事变"中，以宋子

天津张学良故居

文、宋美龄为中间人，在调停中肯定对张学良有过某种承诺，比如张学良在国民政府中的职位问题，答应让张学良率领抗日军或者直接参与抗日的问题。只是事后蒋介石恼怒之下，将张囚禁起来，统统不承认了，而宋美龄于公于私都于心不忍，她曾经在许多场合说过"我们对不起汉卿（张学良字汉卿）"，所以，保住张学良"小家伙"的性命，阻止蒋介石对其下杀手，就是她能够想到的唯一的弥补措施，为此甚至不惜与蒋决裂。

对于宋美龄的这份深情厚谊，张学良将军也是感恩在心。他曾对人说，自己一生有两个最重要的女人，一个是陪伴他同患难，度过半个世纪牢狱生活的赵四小姐——赵一荻，他称之为"情感鸳鸯"，另一个就是他的"生命护卫者"，宋美龄夫人。张

167

学良信奉基督教也是受宋的影响。到晚年，张学良每年过生日，都会收到宋美龄寄的生日卡片，如果不是宋夫人的存在，不但张将军性命不保，即使勉强保住性命，张在台湾和美国的生活，也会举步维艰。所以，张学良认为宋美龄对于自己有救命之恩。

2002 年，张学良的回忆录公之于众，人们从中发现了很多历史遗留问题的疑点。也许，"西安事变"还有更深的内幕，而张学良的幸存，是蒋介石念在宋美龄的求情而放他一马，还是有着更深的政治和历史原因，谁知道呢？

世界头号"恐怖大亨"本·拉登是死是活

2001 年 9 月 11 日，本·拉登组织的恐怖分子劫持飞机撞击美国纽约世贸中心和华盛顿五角大楼，造成了 2998 人死亡。美国财富象征的"世贸中心双子塔"垮塌、美国军事象征的五角大楼受损。自"9·11"恐怖事件以来，本·拉登的名字顷刻间在世界上家喻户晓。美国在经历了"9·11"的创伤之后，以打击恐怖分子为名，攻打阿富汗地区的塔利班政权并占领该地，建立了一个亲美政权并四处寻找捉拿基地组织头号人物本·拉登。然而这么多年过去了，美国人只见到过拉登的录像。关于本·拉登亡与非亡的消息，已成为当今世界舆论最为关注的焦点问题之一。那么"9·11"事件首要嫌疑人本·拉登是何许人也？他是死是活？他到底藏在哪里？

本·拉登，1957年出生在沙特的吉达，在52个兄弟姐妹中排行第43。拉登的父亲乌萨马·穆罕默德·乌达·本·拉登，曾是沙特最大的建筑承包商。有报道称，1970年老拉登在一次飞机失事中遇难时，其家产约值50亿美元。拉登曾在英国学习工程学，当过工程师，他从石油及建筑业赚取了大量钱

本·拉登

财，在沙特和西方国家拥有许多公司，涉及建筑、石油、制造和宝石等诸多行业，他的个人财产估计达数十亿美元。据外电报道，拉登有20多个子女。在众多孩子中，二儿子穆罕默德·本·拉登是拉登看好的接班人。

拉登和"基地"组织与美国经常大搞宣传心理战。每当美国宣布拉登已死的消息或是长时间没有露面，基地组织就会通过卡塔尔半岛电视台或者是互联网让拉登出来讲讲话，激励一下他恐

怖组织的徒子徒孙们，也刺激一下美国民众的神经。

2006年9月23日法国媒体曝出拉登已经患急性伤寒在巴基斯坦死亡，引发全世界前所未有的热议。与前几次"拉登死讯"不同的是，这一次的说法带上了点官方色彩，它来自法国情报机构的秘密报告，法国总统、总理、内政部长、国防部长都看过。但对这次"伤寒死亡说"的质疑也比以往任何一次都更加强烈。美国、巴基斯坦、沙特阿拉伯官方均出面表示无法证实拉登的死讯，法国称将严肃调查文件的泄露过程。然而，很多媒体都揪住这一消息不放，对拉登死活的各种可能性做了大胆的分析和猜测，这一话题达到了近年来最高的热度。

拉登命运是美国最关注的问题之一，拉登病死的消息马上在美国引起轩然大波，但各媒体争相报道时，都会加上一句，该消息的真实性值得怀疑。

美国的官方倾向认为，这条消息不可靠，或者起码目前无法证实。美国国务卿赖斯表示，对这个机密文件"一无所知、也不加评论"。白宫发言人也表示，白宫不能确认该消息是否准确。中央情报局副局长保罗表示，他本人无法证实法国情报机构的报告。总部设在华盛顿、负责监控恐怖分子通信联络情况的情报中心主任本·维扎克表示："互联网上没有更多的说法。如果拉登真的死了，那么互联网上的恐怖分子一定会传信息，他们一定不会等太长时间讲真话的。"

美联社的报道认为，如果本·拉登被美军飞机炸死或他本人在绝望之余命令卫兵开枪打死自己，那么"基地"组织内部必定有人会通过各种通讯设施谈论这一事情，而美军和美国情报人员必定能通过各种监听手段得到这一情报，就像美方通过这一方法确定本·拉登重要助手穆罕默德·阿提夫被炸死一样。但是，美情报部门并没有搜集到这样的情报。

世界头号"恐怖大亨"拉登已经逃离人们的视线有相当长一段时间了，虽然前面一段时间全球形形色色的媒体上还都充斥着各种各样有关拉登行踪的猜测和报道，随着美方搜索拉登行动不断受挫，各媒体炒作拉登的爆料也似乎越来越少起来，拉登于是开始渐渐走出了人们的视野。但他现在到底是死是活呢？至今仍然是个谜。

据《华盛顿时报》2009 年 4 月 21 日报道，美国联邦调查局日前公布了被通缉的恐怖嫌犯名单还包括"基地"组织头号人物本·拉登、二号人物扎瓦希里。由此可看，美国对拉登的死活是界定在活着的状态下的。那么为何拉登能够逃得出美国人的种种搜捕呢？

一是地形险阻。拉登藏身之地的是险峻的山地地形，给美军制造了不少麻烦。阿富汗和巴基斯坦边境长约 2400 公里，高山

耸立、小道纵横、人迹罕至。搜查起来难度很大。直到今天，他仍被认为藏身于阿富汗和巴基斯坦接壤的边境山区。

二是民众支持。阿富汗和巴基斯坦边境还有另外一个特点，那就是居住在这里的人大多是部族成员，他们同中央政府并不亲近。相比之下，美国在阿巴边境孤立少援，而拉登在这里却是如鱼得水。他20多岁时就曾来过这里，过去10年间几乎都住在这一地区。长期的地下生活让他小心谨慎。尽量不用电话和电子邮件等让美国有迹可查的现代通讯方式，而采用信使或信件进行联系。同拉登藏身的阿富汗东部一样，塔利班领袖奥马尔，据说也藏身于其发迹的阿富汗南部，当地居民的支持让搜捕他的工作也少有进展。

三是贴身保镖护驾导航。拉登周围全是在理念上与他绝对一致的"死士"，西方国家利用间谍渗透或重金引诱的计谋，到目前为止都没生效。据分析，拉登一般只和一小队对他极为忠心的追随者一同行动，其人数可能不足10人，追踪十分困难。

四是情报匮乏。抓不到拉登和奥马尔，阿富汗一些官员认为是因为巴基斯坦军事情报部门不配合，不过美国政府官员却否认了这一说法。其实，为追捕这两人，巴基斯坦曾向边境部族地区派遣了约7万名士兵，拉登的行动首脑哈立德·谢赫·穆罕默德在巴基斯坦被捕。美国情报人员承认，现在抓捕拉丹的行动是

阿富汗推出"找拉登"特色游

在撞大运。自从本拉丹于 2001 年底从阿富汗托拉博拉山区侥幸逃脱后，美国情报界就再也没有得到关于他藏身地的可靠情报。美国特种部队在追捕"基地"组织和塔利班重要人物的过程中打死过某些"重要人物"，但"更有价值的目标"正日益变得更聪明。

当然，这些障碍并不代表美国完全抓不住拉登。美国在遭受了一次次搜捕拉登失败的挫折以后，"究竟为什么找不到拉登"便成为困扰美国政府的一大难题。布什在"9·11"之后，向美军提出"活要见人，死要见尸"的要求直到新总统奥巴马上任也没有实现。拉登是死是活？一切都有待时间来证明。

173

遗址篇

　　楚汉争霸决战何处？赤壁之战究竟发生在什么地方？成吉思汗的墓地到底在哪里？……曾经谱写辉煌的军事遗址，却在历史的进程中藏起了踪迹。

楚汉争霸决战何处

公元前 203 年，楚汉战争中一贯的楚强汉弱的形势已经彻底被改变。刘邦后方稳固，兵强马壮；而项羽却三面受敌，粮草不继，战略形势明显处于劣势。项羽没有办法，只能与刘邦讲和，约定以鸿沟为界，双方相安共处。但是，刘邦在张良、陈平等人的劝说下，很快背弃和约，向楚军进军，双方在垓下进行了惨烈的决战，这次战役汉军大获全胜，而楚军近十万精锐部队全军覆没，一度叱咤风云的西楚霸王项羽也走向了穷途末路，自刎乌江。

垓下之役是楚汉战争中最重要的一次大决战，是刘汉王朝奠霸业的关键性的一仗。然而，垓下的具体地点究竟在今天的何处，却历来争议很大。

目前史学界对垓下的具体地址有两种截然不同的说法：

郭沫若认为，垓下应该是灵璧，他在《中国史稿》这样写道："垓下在安徽

垓下遗址

省灵璧县南、沱河北岸。"他的观点是根据下列史书记载的,《汉书·地理志》沛郡渡侯国这样注释:"垓下,高祖破项羽处。"《水经注·淮水篇》载:"洨水东南流,经洨县故城北,县有垓下聚,汉高祖破项羽所在也。"唐《元和郡县图志·河南道五》也在宿州虹县下载言:"垓下聚,在县西南五十四里,汉高祖围项羽于垓下,大破之,即此地也。"这种观点是最传统的说法,绝大多数学者都支持这一观点。

著名史学家范文澜认为垓下为今天的鹿邑。他在《中国通史简编》中写道:"垓下在河南省鹿邑县境。"这一观点的根据是唐代张守节《史记正义》里的记载:"高岗绝岩,今犹高三四丈,其聚邑及堤,在垓之侧,因取名焉。今在亳州真源县东十里,与老君庙相接。"范文澜这样分析,唐朝的真源县是秦汉时的苦县,故城在今河南鹿邑具,老君庙即今天鹿邑城东的太清宫,所以垓下在今天的鹿邑。此说由于晚出,因而从其说者较少。

然而,根据陈可畏先生最新的研究,上述两种说法均不能成立。陈可畏推断垓下应该是陈县(即今河南淮阳县)。他首先指出探究垓下的一条重要信息,即在楚汉之争中,项羽被围垓下之前与刘邦发生的一场固陵之战(固陵在河南省淮阳、太康、鹿邑县境内)。

刘邦与项羽以鸿沟为界平分天下之后,刘邦的军事实力逐渐

强大。后来刘邦采用张良的建议背弃和约，于公元前 202 年 10 月率军渡过鸿沟进击项羽。刘邦追杀项羽的部队到阳夏（太康）以南，并约定与大将韩信、彭越等人相会，在固陵一带消灭项羽。但是，刘邦率军到固陵后，韩信、彭越的军队却没有按期到达，致使刘邦兵败又被项羽追杀。刘邦率众退守固陵，在固陵城周围坚壁不战，使得楚汉两军在固陵城一带形成暂时的对峙局面。固陵战场方圆百里，运师数十万，楚军在固陵城附近阻击汉军，以防汉军东进或南下。刘邦被困固陵，危急中以裂土封王为代价，封韩信为齐王，封彭越为魏王，以换取韩信、彭越等及时出兵。

公元前 202 年 12 月，韩信、彭越等部约 40 万人分别从齐、梁等地出发夹击项羽。刘邦也在固陵开始反击。同时汉将灌婴也率部从彭城西进，参与了这场决定楚汉成败的固陵之战。项羽的军队被汉军以 10 倍之师层层包围在垓下达 3 个月之久。项羽被汉军重重围困，兵少粮缺，陷于困境，楚军军心大乱。刘邦等人见时机成熟，深夜用楚歌瓦解楚军军心。这样，才引出了项羽悲壮的"霸王别姬"。后来项羽率 800 随从冲出重围，连夜逃亡，于凌晨到达乌江一带（今安徽和县东北）。然而，项羽自叹无颜见江东父老，自刎身死。

陈可畏认为，根据《史记》、《汉书》记载，固陵之战以后，

177

汉王退保固陵县城，深堑拒守。其时楚军集结在附近进行阻击，以防止汉军继续东进或南下。而至垓下之围前，史书并没有项羽从固陵附近败走的记录，也没有汉王从固陵追击至垓下的记载。那就是说，垓下应距固陵县城不远，否则两军无法交战。而垓下如在今安徽灵璧的话，相隔二百多公里，楚军根本无法阻止汉军东进。况且，灵璧一带，自古是平川，县东南是古蕲水、古波水、澳水、沱水、唐水的五河河网地带，既不能攻，又不能守，根本不适合兵团作战。

垓下也不可能在今鹿邑县。理由主要有三点：第一，鹿邑县城东距固陵约有七十公里，不可能近距离作战，楚军当然也不可能阻止汉军东进南下。第二，据史书记载，汉军包围垓下前，灌婴的军队由彭城（今江苏徐州）西进，降留、薛、沛、酂、萧、相诸县，破苦县（今鹿邑县）、谯县（今安徽亳县），又西至苦县之颐乡驻军，最后才破楚军于垓下。如果垓下在鹿邑的话，灌婴军就应来回穿越项羽大军的驻地，而史书上没有这样的记载，事实上也没有发生这种情况，因此，垓下不可能在鹿邑。

推翻了上述两种观点，陈可畏举出垓下在陈县（即今河南淮阳县）的理由。首先，《史记》、《汉书》中几个参加此次决战的将领的传记中，有明确的记载。如《史记·樊郦滕灌列传》记：樊哙"从高祖击项籍……围项籍于陈，大破之"；夏侯婴也"从击项籍，追至陈，卒定楚"；灌婴"从击项籍军于陈下，破之"。
《史记·曹相国世家》亦云："韩信为齐王，引兵诣陈，与汉王共
破项羽。"《汉书》的记载也与此相同。这些史料都不可能是凭空
杜撰。其次，陈县北部正与固陵相接，垓下在陈县，正与楚军阻
止汉军东进或东南进的军事形势相符。从军事防御的观点看，楚
军无论是单纯的防守还是以攻为守，驻军于距固陵不远的陈县北
部是最恰当的。不仅如此，陈县北部古代有很多丘陵和山冈，利
于防守。所谓"垓"，阶次也。有山有冈的地方，自然会形成阶
梯地形，垓下正是这阶梯地形之侧。其三，史书记载项羽从垓下
突围，是在夜间率骑南逃，平明始达淮河北岸。如果垓下是在安
徽灵璧的话，灵璧离淮河很近，骑马南奔，不需要一个晚上的时
间。最后，陈县是一个军事战略要地，它傍鸿沟，接颍水、淮
水，有邗沟直通江南，最宜于屯兵驻军。据考古发现，淮阳"贮
粮台"遗址有屯粮的痕迹，有人推测这实际上就是楚汉垓下决战
时楚军的军粮仓。当时，项羽不派文官而派武将利几为陈县县
令，就是要利几保护至关重要的军粮仓。

如今，《中国历史地图集》把垓下标在安徽灵璧的东南部；
大型工具书《辞海》对"垓下"的解释是："在令安徽灵璧东南
沱河北岸"；各种历史教材对此也众口一词。假设陈可畏的论点
成立，那么这些书籍将要改写。然而，楚汉之争的地点的定义，

179

并不是很容易能够推翻的。或许，再过几十年，还会有人推翻陈可畏的言论，提出新的观点。

引发垓下之争的原因是多方面的。首先，垓下作为一个地区名，并没有明显的标志。史书等记载，仅记其名。这样，一些地名等因文言简记，而会产生一些不同的解释或推断。如"垓下"可理解为"垓"之下，即山之阶梯之下，也可理解为"垓下"，为一个地名。其次，史志书籍的转摘沿用等，也会产生一些谬误，有时甚至会以讹传讹。许多史志书籍都有参考前人，甚至转摘前人的现象。若底本记载有误，则底误就会引出许多后来者的误解，如"垓下聚"和"垓下"在史志中解释并不一样。再次，附会现象、攀附心理也能引起史志地名或事件的误传。中国人传统思想中都有一种攀附心理，攀名人、名地、名事等。正因为这种心理，才会把一些名人名事附会到各处。中国民间，梁祝故里之争、三顾茅庐之争、垓下位置之争等等都没有摆脱这种观念。

垓下之争在史学界延续了很久，究竟哪一种观点才是正确的呢？至少在目前看来，这个问题还没有一个令人完全信服的答案。

赤壁之战究竟发生在何处

赤壁之战是东汉建安十三年（公元 208 年），孙权、刘备联军在长江赤壁一带，一次以少胜多大败曹操军队的著名决战。

曹操在打败袁绍、乌桓后，基本统一北方。在建安十三年七月，自宛（今河南南阳）挥师南下，欲先灭刘表，再顺长江东进，击败孙权，以统一天下。九月，曹军进占新野（今属河南），时刘表已死，其子刘琮不战而降。依附刘表屯兵樊城（今属湖北）的刘备仓促率军民南撤。曹操收编刘表部众，号称八十万大军向长江推进。刘备在长坂坡（今湖北当阳境）被曹军大败后，于退军途中派诸葛亮赴柴桑（今江西九江西南）会见孙权，说服孙权结盟抗曹。孙权命周瑜为主将，程普为副，率三万精锐水军，联合屯驻樊口（今湖北鄂州境）的刘备军，共约五万人溯长江西进，迎击曹军。十一月，孙刘联军与曹军对峙于赤壁。曹操将战船首尾相连，结为一体，以利演练水军，伺机攻战。周瑜采纳部将黄盖所献火攻计，并令其致书曹操诈降，曹操中计。黄盖择时率蒙冲斗舰乘风驶入曹军纵火。曹军船阵被烧，火势延及岸上营寨，孙刘联军乘势出击，曹军死伤过半，遂率部北退，留征南将军曹仁固守江陵。赤壁之战结束后，魏、蜀、吴三国鼎立形成。

古往今来，人们围绕赤壁地名有比较大的争论：赤壁古战场到底在哪里？是先有赤壁这个地方还是先有赤壁这场战争因此得名？

赤壁是一个知名度极高的古战

周瑜塑像

场，很多文人有诗可证。唐代诗人杜牧有诗曰："折戟沉沙铁未销，自将磨洗认前朝。东风不予周朗便，铜雀春深锁二乔。"这首题为《赤壁》的绝句，是作者把黄冈（古黄州）城外的赤鼻矶视为古战场而写的。北宋苏东坡被贬到黄州任团练副使时，在这里写下了传诵千古的前、后《赤壁赋》和《赤壁怀古》词。词中写道："故垒西边，人道是三国周郎赤壁。"后人因称黄冈赤鼻矶为文赤壁。然而谁都知道这里不是真正的古战场？

一种看法认为，赤壁在今湖北嘉鱼县东北，王力主编的《古代汉语》和朱东润主编的《中国历代文学作品选》，都持这种观点。《水经注》曰："赤壁山在百人山南，应在嘉鱼县东北，与江夏接界处，上去乌林二百里。"此说后来为清末著名地理学家杨守敬所首肯。

另一种看法认为赤壁应在湖北蒲圻县西北。阴法鲁主编的《古文观止译注》中写道："那个赤壁，在今湖北省蒲圻县西北，长江南岸。"两种说法，哪一种更切合实际呢？人均认为，"蒲圻县西北"说较为可信。这不仅因为《元和郡县图志》的作者李吉甫生活的年代与赤壁之战的年代较接近，和更早些时候的《荆州记》与《元和郡县图志》有相同的记载，而且因为蒲圻的赤壁，陆续有大批的器物被发掘出来，从而证实了这里是真正的古战场。在赤壁对岸的乌林，陆续出土了一些证明曾经出现过战争的文物，如：1973 年出土的东汉晚期铜马镫、印有东汉献帝"建安八年"的瓦砚、箭镞；1976 年，在赤壁山发现沉船上的铁环、铁钉等；1987 年在赤壁金鸾山坡一座东吴砖室墓中，发现诸葛亮设计制造的铜弩机、钢剑。通过发掘出来的这些遗物，湖北蒲圻县境内的赤壁应该是真正的赤壁古战场。历史学家基本形成了这样的结论：赤壁之战发生在湖北蒲圻县境内，至于黄冈的赤壁则被认为并非当年鏖战之地，但苏东坡既有辞赋佳作，就把此处命名为东坡赤壁又称文赤壁。但是，仍有一个悬而未决的问题存在，即赤壁之名起于何时？是先有赤壁还是先有赤壁战争呢？

据《中国名胜词典》之《赤壁之战遗址》条目释文："相传东汉建安十三年（公元 208 年），孙权、刘备联军在此用火攻，

大破曹操战船，当时火光照得江岸崖壁一片彤红，'赤壁'由此得名"。然而历史中却有其他关于赤壁的记载，出现了争论。最具权威的《三国志》有这样记载的："权遂遣瑜及程普等与备并力逆曹公，遇于赤壁。时曹公军众已有疾病，初一交战，公军败退，引次江北。……顷之，烟炎张天，人马烧溺死者甚众，军遂败退，还保南郡。"《三国志》中的《魏志·武帝纪》记有："公至赤壁，与备战，不利。"《蜀志·先主传》："权遣周瑜、程普等水军数万，与先主并力，与曹公战于赤壁，大破之，焚其舟船。"宋代司马光编纂《资治通鉴》，没有修改赤壁之战中地名用法。按常情常理推测，江面上大批战舰焚烧时，烈火熊熊，将江岸峭壁烧成赤（红）色的可能性不大，但烈火将江岸峭壁照映成赤（红）色则完全可能，赤壁得名于赤壁之战可能性也不能完全排除。到底是先有赤壁还是先有赤壁之战，还有待读者研究。

曹操的七十二墓葬之谜

曹操，字孟德，沛国谯县人（今安徽亳县），三国时期杰出的政治家、军事家和文学家。作为一代枭雄，其功过是非在生前就备受争议，而他死后交代后人设立疑惑重重的七十二墓葬，更是给后人留下无穷无尽的谜。宋代文人俞应符对七十二冢就曾这样评价过死后的曹操："人生用智死即休，焉有余智到垄丘。"

古往今来的帝王将相，大都相信人死后灵魂不灭，到阴间的另一

曹操画像

个宫殿居住，所以他们不惜花费大量的人力物力财力，把陵墓修建得如同生前的宫殿一样富丽堂皇，以便死后继续享乐，保持其高贵的统治权威。例如秦始皇，在即位之时就开始修建自己的陵墓，用宏大的兵马俑陪葬；成吉思汗命人将他的葬身之地还原为一片平原。而曹操，虽然生前没有称帝，但是作为三国鼎立的霸主之一，权倾朝野，为何要求薄葬疑葬呢？据历史记载，传说在安葬曹操的那一天，72 具棺木从东南西北四个方向，同时从各个城门抬出，葬于 72 个不同的位置，那 72 座疑冢都在哪个地方，哪座是真的呢？根据曹操多疑的性格，不排除他因为害怕被人盗墓，而设计多个墓葬的计谋。

关于曹操墓葬的所在地，流传的是这样的一个传说。曹操建安二十五年（公元 220 年）病逝于洛阳，时年 66 岁。令人惊讶的是，有别于历代君王"厚葬"的想法，他要求将自己薄葬，这也是中国历史上第一位提出"薄葬"的准帝王。据《三国志·武帝纪》记载，建安二十三年（公元 218 年）六月，曹操下诏对自己的身后事做出了安排，大意是古代圣贤的墓葬所在地一般都是贫薄的地方，现在我发现邯郸城西的西门豹祠就比较合适，而且，西门豹也是我毕生仰慕之英雄，能够作为他的邻居，我已经心满意足了。我们都知道，西门豹即战国时期魏国的大改革家，其投巫治邺的故事家喻户晓。曹操十分敬仰他，所以，希望自己的墓地与西门豹祠比邻而居。

当时，曹操虽未称帝，但是权力与地位不比帝王低，为什么他不但提倡"薄葬"，而且身体力行呢？据说，曹操一生提倡节俭，他对于家人和官吏的要求很严。他的儿媳因为身穿绫罗绸缎，被他按家规下诏"自裁"赐死。他宫廷中的布料，破了再补，补了又用，不可随意换新的。有一段时间，天下闹饥荒，财物短缺，到了冬天，曹操不

位于安徽亳州的曹操宗族墓群

穿皮革制服，朝廷的官吏们都不敢戴皮帽子。由此可见曹操的节俭并非装出来的。所以，这样一个节俭的帝王，要求"薄葬"也

是可能的。

民间还有一种传说，曹操早年曾经干过盗墓的勾当，亲眼目睹了墓穴被盗后，尸骨纵横，一片狼藉的惨状，为了以防万一，他一再要求"薄葬"，并且下诏，目的就是让天下人知晓自己的墓冢并无宝物，以防止盗墓贼，让自己死后不被打扰。

当然，所有关于曹操主张实行"薄葬"的说法，都是我们的猜测。究竟曹操出于什么目的做出这样的举动，我们不得而知。另外，比"薄葬"更加吸引人的是，曹操究竟葬在哪里？

据陆机文记载，曹操墓应该在今河北省临漳县西面的丰乐镇西门豹祠一带。但丰乐镇西门豹祠建于北齐天保五年（公元554年），死于公元220年的曹操，怎么遗令安葬于此？这显然说不通。关于曹操遗嘱，是这样说的："天下尚未安定，未得遵古。葬毕，皆除服。……敛以时服，无藏金玉珠宝。"魏文帝曹丕遵照曹操的遗嘱，将其遗体运回邺（今河北临漳西南邺镇）安葬。晋代陆机的《吊魏武帝文·遗令》中，有"葬于邺之西岗上，与西门豹祠相近"一语，可见曹操的归宿，如其生前所愿。

然而，西门豹祠的数量很多。由于西门豹是一个除暴安良的历史人物，黄河流域包括邺地居民惯于以建造西门豹祠来避灾祸，这就导致西门豹祠有很多处。临漳一带就有不少西门豹祠。究竟哪一个旁边葬着大名鼎鼎的魏武帝呢？曹操遗令中的"西门

豹祠西苑上为寿陵"与陆机说的"葬于邺西岗之上",两处地段不仅有出入,而且大相径庭。

近年来,有的学者根据《舆图备考》、《方舆纪要》等史籍记载,得出曹操生前设置七十二陵墓,是为了使人真假难辨,无从挖掘。这些疑冢分布于从临漳三台村以西八里的讲武城到磁州之间,一座座如山丘,其中必定有一座是曹操的真墓。魏文帝曾下《求祭先王诏》,说"欲祭先王于河上,览省上下,悲伤感切"之句,有人因此别出心裁地提出,曹操的陵墓是修建在漳河河底。所以这么久以来都没有找到。清代沈松《全健笔录》引用《坚瓠续集》中的一段文字,说:"顺治初年,漳河干涸,一位渔夫见河中有大石板,旁有一隙,以为内中多鱼,乃由隙入,只见石板下有石门,门内尽是美女遗骸,一石床上卧一人,冠服如王者,碑文铭记此为曹操。因以水银敛,肌肤不朽,众人斧裂其尸而出。"显然这则传奇故事是不能被当作史实的。但是在1983年,当地农民确实曾在漳河大桥河床挖到过银元宝、银锹等物。因此有人重提此说。

1988年《人民日报》撰文说:"闻名中外的河北磁县古墓群最近被国务院列为第三批全国重点文物保护单位。过去民间传说中被认为'曹操七十二疑冢'的这片古墓群,现在查明实际上是一百三十四。"如此说来,曹操真身应该是埋葬在河北磁县。但是近年来，有的学者根据《魏武纪》、《述异记》、《邺乘》、《彰德府志》以及《通典》等有关记载，结合 1975 年在临漳习文村发现的东汉晚期墓葬实物，进行综合分析，得出曹操陵墓位于今河南安阳灵芝村与河北临漳习文村之间的结论。理由是：

第一，今灵芝村、习文村一带，恰好在仁寿里西门豹之西六七里，周围是平原，与曹操遗令中"西苑"相符合；第二，灵芝村、习文村一带是当时邺的中心地区，曹操为自己选墓地，不可能偏邺地太远；第三，今距习文村北四里、灵芝村西北六里的东太平村，原名驰村，是铜驰村的简称。史载曹操陵墓有铜驰，驰村恐怕就是因此而得名的。

看来，曹操不但薄葬异于古代帝王，而且遵循"狡兔三窟"的原则，连自己的陵墓也搞得神秘兮兮，真是一代奸雄的作风，至死不渝。民间关于曹操的七十二墓葬之说，并非空穴来风，要解开这个谜团，还有待后人的努力。

189

成吉思汗墓地之谜

成吉思汗，原名铁木真，蒙古族杰出的政治家、军事家。成

吉思汗是其尊称，"成吉思"是蒙语中"强大"的意思，而"汗"是蒙古族对帝王的特定称谓。他统一了蒙古各部，在公元 1206 年的"忽列而台"大会上，他被推举为蒙古大汗，后人就称铁木真为"成吉思汗"。铁木真戎马一生，征战四方，病逝于 1227 年攻打西夏的军事行动中。

成吉思汗画像

关于成吉思汗的陵墓，一直是历史和考古学家们感兴趣的话题。按照元朝的习俗，元代帝王的墓葬都采用"密葬"的形式，贵族死后不起坟，但是有众多陪葬品，如骏马、弓箭、金银珠宝等等。埋葬以后，"以马揉之使平"，就是用万乘骏马来回奔跑，使墓地夷为平地，发现不了。所以中国境内至今未发现一座元代皇家陵墓。元代人自己寻找先人墓地祭祀也很有意思。据说在墓地上，当着母骆驼的面，杀死子骆驼，淋血于地，来年春天祭祀的时候，就牵着这匹母骆驼来寻找墓地的踪迹。骆驼是一种很灵性的动物，母骆驼尤其有爱子之心，到了去年丧子的地方，母骆驼就会立地哀鸣，说明这就是墓地了。我们由此可以推断，成吉思汗的墓地，也是经过马匹踩踏，看不出痕迹的。而且这种陵墓的后期保护，更隐蔽，更彻底。因为成吉思汗墓葬中有大批珍贵的陪葬品，是蒙古人征战四方时，从各个民族劫掠来的。

据《马可波罗游记》记载，"成吉思汗葬于一山中，山名叫阿勒台。"我国也有史料说，"成吉思汗葬之山名为汗山"。但是，关于这个"汗山"是山的原名，还是因为埋葬了大汗而得名，人们并没有统一的说法。另外，对于成吉思汗所葬之处，蒙古史《多桑蒙古史》的记载是："葬于斡难、怯绿连、秃刺三水发源质地不儿罕合勒郭诸山之一山中。"

目前，对于成吉思汗墓地的位置，考古专家比较认可四个地点：一是位于蒙古境内的肯特山以南、克鲁伦河以北的地方；二是位于蒙古国的杭爱山；三是位于我国宁夏的六盘山；四是我国内蒙古鄂尔多斯鄂托克旗境内的千里山。正当人们争论不休的时候，成吉思汗的第 38 代守陵人古日扎布现身《成吉思汗》发布会——一代天骄成吉思汗的直系后裔，包丽英的历史小说《蒙古帝国》三部曲出版发布会。在发布会上，古日扎布透露：成吉思汗就葬在鄂尔多斯。这个消息仿佛一个重磅炸弹，吸引了所有人的注意。

在蒙古族，有关守陵人的传说并不陌生。有人说他们精通巫术，可以和死去的人对话。这当然是无稽之谈，但是我们可以肯定的是，这支特殊的族人，主要任务就是忠诚的守护成吉思汗陵

以及其他众多贵族陵墓，并且负责主持祭祀。他们不为官、不纳税、世代相传、永无止境，他们是专职的护陵人，是达尔扈特族人。最初为守护和祭奠成吉思汗"八百室"，从成吉思汗宫廷守卫者中挑出五百户人。他们全年十二个月里不分昼夜地轮流守护和供奉成吉思汗陵寝及战旗苏勒德，不纳捐税，不服兵役，并且拥有以祭奠成吉思汗墓为名义征收祭品的神圣权利。这些达尔扈特人由两大部分组成，一部分供奉成吉思汗陵寝，一部分守卫成吉思汗战旗苏勒德，通常称之为"西牙门图特"和"东牙门图特"，古日扎布就属于后者。

这支部落从公元 1227 年成吉思汗病逝开始，就一直忠心耿耿地守护着他的衣冠冢，并且世世代代祭奠成吉思汗。新中国成立后，政府成立了成吉思汗陵管理局，达尔扈特人就有了公职，专司成陵的供奉与祭祀。在对成陵的研究中，有一首流传至今的资料，是十二首祭奠歌，其中包含很

成吉思汗陵

多类似暗语的信息。但是玄而又玄的歌词没有人知道是什么意思。古日扎布说："现在全世界会唱的，也只有我一个人了。"他虽然不懂得歌词的意思，但是他推测成吉思汗墓就在鄂尔多斯，

因为在各地的衣冠冢中，只有鄂尔多斯的这个陵墓中有"八百室"。"八百室"其实只是八个陵室，第一室安葬成吉思汗与其正宫娘娘的灵柩，其余的七个室分别埋着骏马、弓箭、文字资料等等。同时，一套非常繁杂的正宗祭祀文化也只有在这里才有。另外，所有的达尔扈特人都分布在鄂尔多斯，其余地方没有。

有关专家分析道：成吉思汗病逝的时候，正值对西夏战争的关键时刻，为了稳定军心，避免因成吉思汗大帅的死而影响军心士气，其将领不可能大张旗鼓地将成吉思汗的遗体运回漠北，只能按照蒙古族的习俗就地秘密埋葬。而且当时正值盛夏季节，也不容许举行大规模的安葬仪式，只能以最快的速度让遗体入土。至于衣冠冢和真正的陵寝的区别，由于历史上并没留下只言片语的记载，所以，按照古日扎布的说法，一代天骄成吉思汗的陵墓应该是在鄂尔多斯，然而事实还有待时间来检验。

神秘公路"24拐"为何被划归云南

不少二战主题网站上，都可以看到一张世界闻名的老照片：长长的美军 GMC 十轮大卡车队，沿着一条呈现无数"S"状的

狭陡公路，从幽深的谷底向着险峻荒凉的山顶缓慢爬行。媒体说，照片表现的是二战时期中国国际大通道的艰险，同时也反映了中美人民在极端困难的情况下，抗击法西斯的不屈精神。

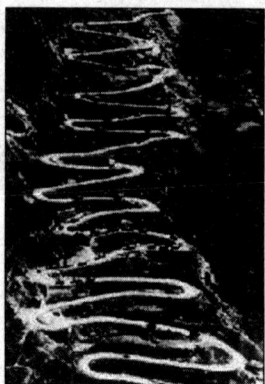

神秘公路"24拐"

然而，近60年来，这条因为有着24条急转弯道故而被称作"24拐"的神秘公路，却消失在了历史的迷雾深处，忙于"向前看"的人们竟然不知道它到底在哪里了。无论是过去还是现在，中国、美国、日本和东南亚的传媒和专家在展示这张照片时，都认定这里是滇缅公路或者史迪威公路的某路段。直到今天，在介绍滇缅公路甚至介绍云南的书报杂志上，或者在网站上使用"滇缅公路"、"史迪威公路"或者英文"BurmaRoad"、"Stilwell-Road"查询，都可以很容易地找到这张照片。

事实上，战争期间，美国人无论是援助中国还是后来的直接遣军来华作战，主要通过的都是滇缅公路。而美国的援华物资经过滇缅公路到达昆明以后，必然要经由"24拐"所在的公路送达前线和当时中国的"陪都"重庆。在滇缅公路开通时，美国总统罗斯福就派遣驻华大使考察公路。当时美国新闻界发表了大量赞誉公路和中国人民抗战的文章。"24拐"照片因为展示了这条运输线上罕为人知的"超现实的图景",成为这段历史的集中代表,在世界各地广为流传。

战争结束了,怀旧情深的人们希望重返这段公路。然而,实际上,无论是在史迪威公路或者滇缅公路上,均无法觅到它的半毫踪迹。人们开始怀疑它存在的事实。一位当年的汽车老兵在《北京晚报》上撰文写道,1942年史迪威公路开始修筑时,他所在的汽车团是先遣部队。当时的筑路大军由美国的一个机械化工兵营、中国的两个工兵营和印度当地的民工组成,浩浩荡荡10万人。"公路由美国技术人员勘察确定路线,拐弯及路面坡度设计均有严格要求,没有急转弯,更没有连续"24拐"。"至于滇缅公路,最险要的便是怒江天堑惠通桥。两面是峭壁,桥下是滔滔江水,车子开上那不宽的钢索吊桥,边剧烈晃动边发出吱吱嘎嘎的声响。除此之外,就没有什么更惊心动魄的地方了,也没有"24拐"。1995年,为纪念第二次世界大战和抗战胜利50周年,云南电视台的工作人员沿着滇缅公路而行,试图寻找这张老照片的拍摄地点。摄制组召集了许多专家学者和省交通厅史志办的人士,请他们提出可能的地点。然而,跑了几个来回,把所有地形走了个遍,始终没有发现和老照片相似的地方。寻找者叹道:"它就像从地球上消失了!"

戈叔亚是一位研究滇西抗战史的云南人,也是无数苦苦寻觅

"24拐"者中的普通一人。多年来，他一直在想，照片是在哪里拍的？这个路段现在怎样了？他询问了各界朋友和中美日老兵，并沿着滇缅公路考察了多次，都遗憾而归。直到2001年底，戈叔亚通过互联网和在日本工作的中国电视人朱弘交流，朱说日本老兵和学者也都说"24拐"是在滇缅公路或史迪威公路上，只有一本介绍当年滇缅作战的写真集的编辑森山康平说可能是在贵州。

受此番话的启示，2002年2月，戈叔亚从昆明坐火车到贵州安顺市去寻找"24拐"。终于从晴隆县往昆明方向出去一公里的地方见到了朝思暮想的那条神秘公路。为了在同样的角度拍摄和老照片完全一样的照片，他必须爬到对面的山巅上。戈叔亚拍摄这张照片的确经历了艰难和危险——在使用50毫米镜头的情况下，必须站在距离万丈深渊的峭壁边缘不到30厘米的地方！著名的'24拐'的确是在距贵阳两百多公里的晴隆。但原来都说是云南境内。60年代末，在"24拐"附近的另一个坡面上，筑路工人把纵坡放缓，修了一条新路，以方便行车，但老路还保留并养护着。现在，"24拐"属于320国道，仍旧是泥路。有的人还喜欢在上面开车。但"24拐"早已成为了"21拐"。1991年出版的《贵州省志·交通志》详细记载了关于"24拐"修筑、管理、改造的历史，并有"24拐"改为"21拐"的地质图。值得一提的是，改造"24 拐"的方案是战争期间由美国人提出来的，美国工程兵当时便驻扎在当地维修公路。

一位当年国民党军队的老汽车兵回忆说，"24 拐"曾是驾驶兵的必修课。驾车盘旋在山顶，就像行驶在云雾中。至今他仍清楚地记得当时贵阳流传着的关于"三无"的顺口溜："天无三日晴，地无三尺平，家无三两银。""然而，就是这样的穷山恶水，却成为抗日最艰苦的阶段，保障国内各种战略物资运输的交通命脉。"他说。

如今，贵州掀起了大建公路的热潮。新中国成立至 1979 年间，贵州公路总投资才 3 亿多。但仅 1999 年一年便达 40 亿。一条条高速公路四面延伸，西南出海大通道也由此贯通，使 50 多年前的艰难行程迅速在现实的进展中隐退。当地老百姓说，近年来当地政府和公路部门多次想拓宽"24 拐"并铺设柏油路面，但上级部门要求只需按照原样维护。可能是考虑到"24 拐"作为战时的必经之路，抗战中起了很大作用，是属于世界的财富，不可轻易改动。"24 拐"的"发现"在海内外引起了轰动。戈叔亚把新老照片通过电子邮件发给几个战后出生的外国学者，他们对在贵州找到这个路段均感到不可思议。罗伯特·安德森先生说，他看见过这张照片"100 万次"了，而且他曾经在云南怒江附近寻找过它。大家都一直认为它应该在滇缅公路上。

197

　　而云南人的情感更为复杂。戈叔亚说，云南省交通厅的同志仍不相信这个地方在贵州。一位老记者甚至对戈说，不要发表"24 拐"的照片了，这幅照片和云南人血肉般地联系在一起已半个多世纪了。如果忽然告诉云南人，这个"孩子"是别人的，这对他们是一个沉重的打击。这种感情纽带和名分之争，并不能改变"24 拐"所处地理位置的事实，但是长期以来，人们为什么会认为"24 拐"属于云南，是否与蒋介石将其更名为"史迪威公路"有关，还是其他原因？这是个值得深思的问题。

参考文献

[1] 李德·哈特. 第二次世界大战战史 [M]. 钮先钟，译. 上海：上海人民出版社，2002.

[2] 张立洁，姚晓华. 世界军事未解之谜 [M]. 北京：中国书籍出版社，2004.

[3] 邓蜀生. 影响世界的 100 次战争 [M]. 广西：广西人民出版社，2004.

[4] 刘义昌，徐海滨. 伊拉克战争之谜 [M]. 北京：长征出版社，2004.

[5] 鲁竹. 宝藏的故事 [M]. 北京：中国书籍出版社，2005.

[6] 古木. 中国历代帝王之谜 [M]. 广西：广西人民出版社，2005.

[7] 宋佩，李军，张勇. 大清王朝之谜 [M]. 安徽：黄山书社，2005.

[8] 布鲁尔. 二战未解之谜 [M]. 海南：海南出版社，2001.

[9] 廉永清. 中国军事未解之谜 [M]. 北京：中国画报出版社，2009.

[10] 廉永清. 世界军事未解之谜 [M]. 北京：中国画报出版社，2009.

[11] 唐敏. 中外历史军事之谜 [M]. 黑龙江：哈尔滨出版社，2008.

[12] 邢涛. 最不可思议的军事未解之谜 [M]. 浙江：浙江教育出版社，2008.